作者简介

李柏，湖南大学长聘副教授，岳麓学者。2013年于北京航空航天大学获得工学学士学位，2018年于浙江大学获得工学博士学位。攻读博士学位期间曾在2016-2017年于美国密歇根大学安娜堡分校土木工程系联合培养；2018-2020年曾就职于京东集团X事业部；现就职于湖南大学机械与运载工程学院。2017年获国际自动控制联合会(IFAC)颁发的2014-2016年最佳期刊论文奖，目前已以第一作者身份发表国际期刊/会议论文近60篇，主要研究方向为自动驾驶/智能网联汽车的决策及规划方法。

葛雨明，中国信息通信研究院高级工程师，"车联网技术创新与测试评价"工信部重点实验室副主任。2013年于中国科学院计算技术研究所获得工学博士学位，美国密歇根大学访问学者，德国弗劳恩霍夫协会开放式通信系统研究所访问学者。现任IMT-2020（5G）推进组蜂窝车联（C-V2X）工作组组长、中国工业互联网产业联盟（AII）国际合作与对外交流组主席、美国工业互联网联盟（IIC）汽车特设组与中国区域组联执主席、中国通信标准化协会物联网技术委员会车联网子组组长、全国汽车标准化技术委员会智能网联汽车分技术委员会（SAC/TC114/SC34）委员和中国公路学会自动驾驶工作委员会常务委员等。主要从事车联网、自动驾驶、工业互联网领域的相关政策、产业、标准和前沿技术研究工作，参与支撑撰写《关于积极推进"互联网+"行动的指导意见》《智能汽车创新发展战略》《车联网（智能网联汽车）产业发展行动计划》《国家车联网产业标准体系建设指南》等多项国家战略规划，承担和参与了科技部、工信部、欧盟FP7、欧盟H2020、北京市科委、上海市经信委等多项重点研究课题，并牵头和参与了多项国际国内标准的制定工作。

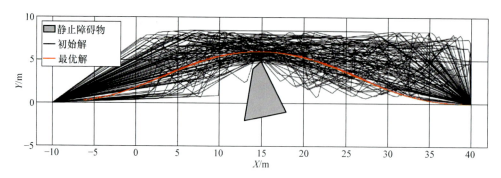

图 2.17　反映初始解与最优解同伦关系的实验结果 1（100 次独立随机实验）

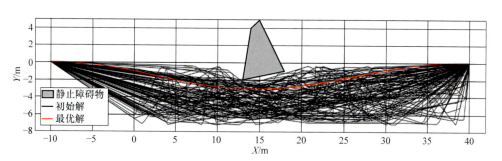

图 2.18　反映初始解与最优解同伦关系的随机实验结果 2（100 次独立随机实验）

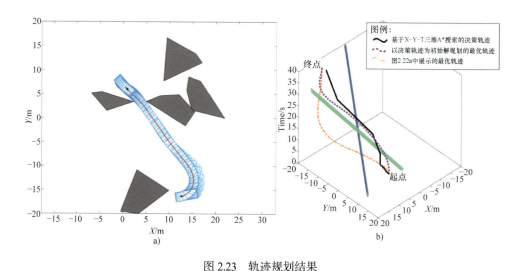

图 2.23　轨迹规划结果

a）完整轨迹规划结果及车辆足迹　b）轨迹决策、规划结果在 $X-Y-T$ 三维状态空间中的对比呈现

注：为制图简洁，a）未绘制出移动障碍物的运动足迹，而 b）仅绘制了部分关键移动障碍物的足迹，完整的移动障碍物运动情况与图 2.20a 一致

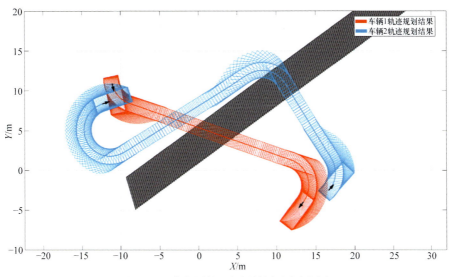

图 3.5 两车协同轨迹规划结果及车辆足迹

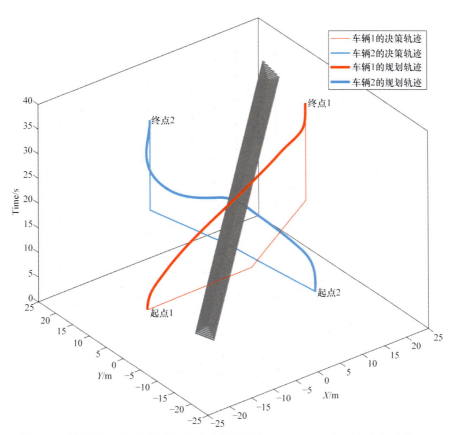

图 3.6 两车协同轨迹规划结果与轨迹决策结果在 X-Y-T 三维状态空间中的呈现

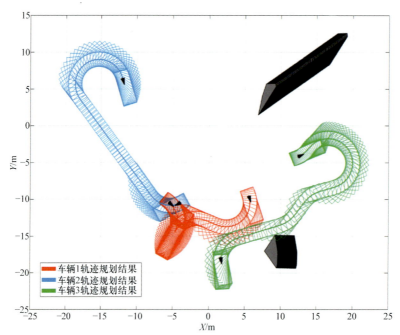

图 3.7 $N_{obs}=2$、$N_V=3$ 条件下的协同轨迹规划结果及车辆足迹

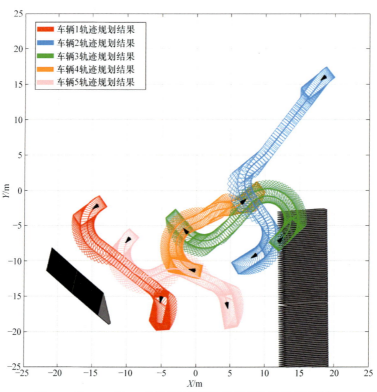

图 3.8 $N_{obs}=2$、$N_V=5$ 条件下的协同轨迹规划结果及车辆足迹

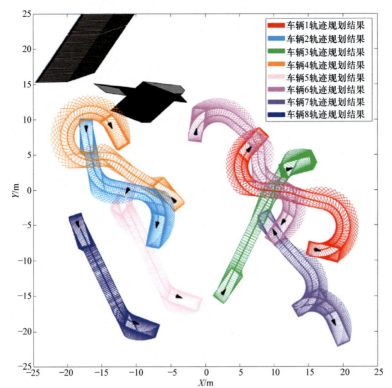

图 3.9 $N_{obs}=3$、$N_V=8$ 条件下的协同轨迹规划结果及车辆足迹

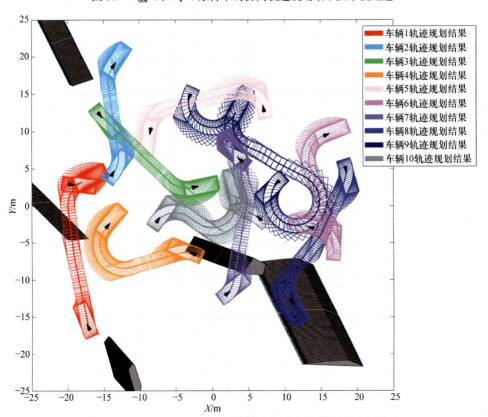

图 3.10 $N_{obs}=5$、$N_V=10$ 条件下的协同轨迹规划结果及车辆足迹

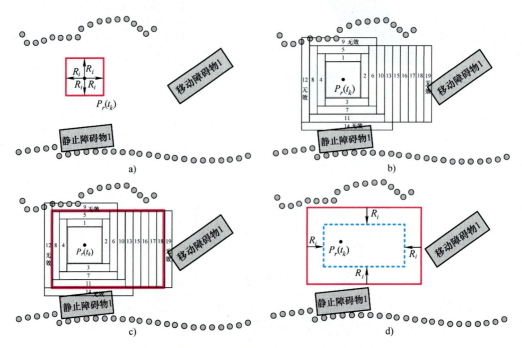

图 4.7 隧道化建模方法中的局部隧道构造方式（以 $P_r(t_k)$ 为例）

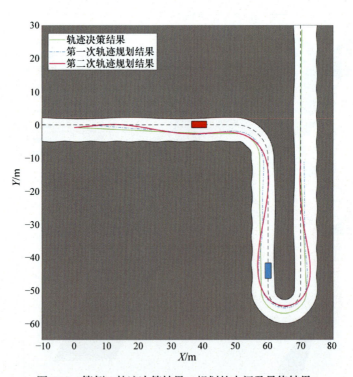

图 4.12 算例 1 轨迹决策结果、规划的中间及最终结果

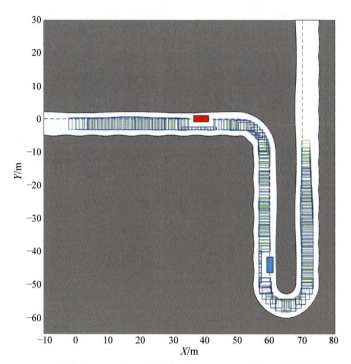

图 4.13　算例 1 基于轨迹决策结果铺设的时空隧道，其中绿色矩形框是 P_f 点对应隧道，蓝色矩形框是 P_r 点对应隧道

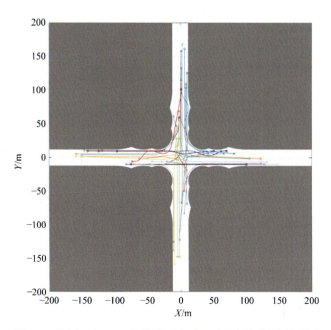

图 5.6　算例 1（N_V=32）的设置方式以及协同规划结果（图中 × 代表各车辆起始位置，○ 代表各车辆终止位置，下同）

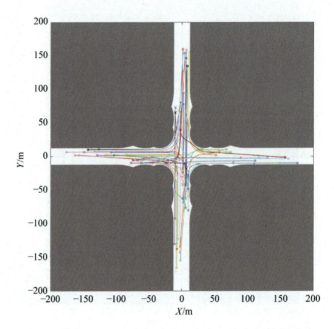

图 5.7 算例 2（N_v=46）的设置方式以及各智能网联汽车的协同轨迹规划结果

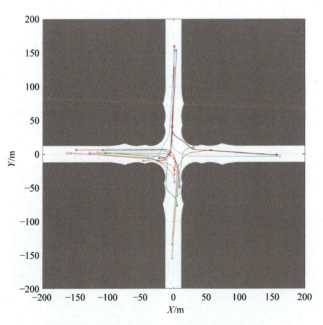

图 5.8 算例 2 中左转车辆的行驶轨迹

智能网联汽车研究与开发丛书

智能网联汽车协同决策与规划技术

李 柏 葛雨明 著

机械工业出版社

本书介绍了智能网联汽车在多种场景下的协同决策与规划方法，其中决策是规划的重要基础，规划是最终的目的。从第 2 章开始，本书分别对非结构化场景中的单车/多车、结构化道路场景中的单车/多车规划任务进行建模并完成求解。各章节内容由浅入深，相互关联但并不重叠，分别从机器人学、数值优化、自动驾驶以及智能交通四个研究领域角度对协同决策与规划技术予以诠释。

本书适合希望迈入智能网联汽车决策规划领域的技术人员以及高校学生阅读，可作为智能网联汽车决策规划技术领域的第一本入门书籍，也可作为自动驾驶业界从业人员的工具书。

图书在版编目（CIP）数据

智能网联汽车协同决策与规划技术/李柏，葛雨明著. —北京：机械工业出版社，2020.2（2024.8 重印）

（智能网联汽车研究与开发丛书）

ISBN 978-7-111-64687-7

Ⅰ.①智… Ⅱ.①李… ②葛… Ⅲ.①汽车-智能通信网 Ⅳ.①U463.67

中国版本图书馆 CIP 数据核字（2020）第 019474 号

机械工业出版社（北京市百万庄大街 22 号　邮政编码 100037）

策划编辑：孙　鹏　　责任编辑：孙　鹏

责任校对：李　杉　　封面设计：鞠　杨

责任印制：邓　博

北京盛通数码印刷有限公司印刷

2024 年 8 月第 1 版第 4 次印刷

169mm×239mm・9 印张・6 插页・189 千字

标准书号：ISBN 978-7-111-64687-7

定价：79.00 元

电话服务　　　　　　　　　网络服务

客服电话：010-88361066　　机　工　官　网：www.cmpbook.com

　　　　　010-88379833　　机　工　官　博：weibo.com/cmp1952

　　　　　010-68326294　　金　书　网：www.golden-book.com

封底无防伪标均为盗版　　　机工教育服务网：www.cmpedu.com

序 1

作为汽车与交通、通信、IT 等技术深度交叉融合的载体，智能网联汽车可以为人类出行提供更安全、节能、环保、舒适的综合解决方案，是国际公认的未来发展方向和关注焦点。研究表明，在智能网联汽车的终极阶段，即完全自动驾驶阶段，可以完全避免交通事故，提升交通效率 30% 以上，并最终把人从枯燥的驾驶任务中解放出来，这也是智能网联汽车最吸引人的魅力所在。

在智能网联汽车的感知、决策、控制、执行等诸多系统中，智能决策与规划决定了车辆的具体运动行为，是车辆行驶安全与稳定保障的核心技术。协同决策规划技术是智能网联汽车借助 V2X 通信设施与能力，通过多交通参与对象的实时信息交互与联动而实施的高质量协同行驶决策行为，这不但是智能网联汽车有别于传统的自主式自动驾驶汽车的重要特征，也是其智能化魅力的一种直接体现。就多车驾驶的协同决策与规划本身而言，现有技术方法一般能够实现对多车编队进行"联合"决策规划，但对于车辆编队的"协同"行驶潜力的挖掘尚不充分。目前在国内乃至世界范围内，系统性介绍智能网联汽车协同决策规划方法的著作也非常稀缺。

本书从单一车辆的决策规划讲起，以精细建模+高效求解为特点，分别从机器人学、数值优化、自动驾驶及智能交通四个领域的角度对协同决策与规划技术进行了诠释，介绍了智能网联汽车在多种交通场景下的协同决策与规划方法。本书采用可解释性较强的计算最优控制方法来完成协同决策规划任务，旨在介绍能够充分体现协同行驶行为的方法体系，技术特色鲜明。

本书各章节内容由浅入深，相互关联但并不重叠，便于对该学科不甚了解的读者快速入门。本书适合从事智能网联汽车决策规划领域研究的院校师生以及业界工程技术人员，是掌握决策规划技术体系的基础。

李克强
清华大学教授、汽车安全与节能国家重点实验室主任

序 2

全球汽车产业正处于深度变革时期，作为汽车与信息通信技术两大产业创新融合的代表，智能网联汽车承载了新一轮科技革命和产业变革的重要使命。智能网联汽车的发展不仅在于汽车产品与技术的升级，还将在经济层面带动汽车、电子、通信、互联网等领域的产业升级，孕育经济增长新动力，带来汽车及相关产业全业态和价值链体系的重塑。与此同时，智能网联汽车还能通过与智能交通系统的结合在社会服务与治理方面带来一系列深远影响，一方面有助于减少道路交通安全事故，并逐步将人类从驾驶行为中解放出来；另一方面还可以有效地加强车辆、道路和使用者三者之间的联接，形成一种保障安全、提高效率、改善环境、节约能源的综合交通体系。

协同决策规划技术是智能网联汽车智能化的直接体现。本书以求解高质量的集中式协同行驶轨迹为目的，采用采样搜索方法进行协同行为决策，随后采用计算最优控制方法规划协同行驶轨迹，这一技术路线已得到了业界广泛应用。在对现有方法进行有效梳理的基础上，本书介绍了大量创新方法与思路，相信读者能够通过阅读此书获得继续创新的研究灵感。另一方面，随着智能网联汽车网联化能力不断提升，采取集中式协同决策规划的高质量行驶潜力将有机会得到充分激发。

中国信息通信研究院副院长

王志勤

前　言

智能网联汽车是指搭载先进的车载传感器、控制器、执行器等装置,实现车与人、车、路、云端等(V2X)智能信息交换、共享,具备复杂环境感知、智能决策、协同控制等功能,最终可实现替代人来操作的新一代汽车。近年来,伴随人工智能、物联网、5G等信息通信技术的快速发展,智能网联汽车核心技术不断取得突破、基础支撑加快得以完善、产业生态日渐走向成熟,人类的出行方式正发生着深刻变革。

在一个智能网联汽车编队中,协同决策规划模块负责生成各网联汽车的具体运动轨迹,是体现行驶智慧水平的直接环节。本书介绍了智能网联汽车编队在多种情境下的协同决策与规划方法,其中行为决策是轨迹规划的基础,轨迹规划是最终目的。从第2章开始,我们分别对于非结构化场景中的单车/多车、结构化道路场景中的单车/多车决策规划命题进行构建并予以求解。在遵照适宜阅读的顺序安排章节内容的前提下,本书尽量从不同学科角度阐述协同决策规划技术,尽量复用共性的技术内容。

本书适合希望涉足智能网联汽车协同决策规划领域的技术人员或高校本科/研究生,可作为研究智能网联汽车协同决策规划技术领域的基础书籍,我们期待该书能够与来自更多领域的读者产生思想上的共鸣。本书配套源代码已在Github平台发布,具体下载地址在各章末尾提供。

在此感谢邵之江老师、李力老师、刘畅流老师、孔旗老师、张友民老师、贾宁老师以及Kristoffer Bergman博士、Oskar Ljungqvist博士等人,他们就相关章节技术细节与本书著者进行了富有启发性的讨论。限于著者的学识与研究水平,加之书稿编写经验不足,本书难免有疏漏之处,恳请各位同行读者不吝指正。

李柏　葛雨明
2020年5月

目 录

序 1
序 2
前言
第 1 章　智能网联汽车概述 ………… 1
  1.1　智能网联汽车成为国际社会技术与产业竞争的制高点 ……… 1
  1.2　智能决策是智能网联汽车的核心关键技术……………………… 2
  1.3　智能网联汽车轨迹决策与规划技术基础……………………… 3
    1.3.1　单车在低速非结构化场景中的规划方法回顾 ………… 4
    1.3.2　单车在结构化道路场景中的规划方法回顾 ………… 8
    1.3.3　多车在低速非结构化场景中的协同规划方法回顾 …… 10
    1.3.4　多车在结构化道路场景中的协同规划方法回顾 …… 11
  参考文献 ……………………………… 12
第 2 章　低速非结构化场景中的单一车辆决策与规划方法 ……… 21
  2.1　轨迹规划命题的构建 ……… 21
    2.1.1　系统动态方程约束 ……… 22
    2.1.2　两点边值约束 …………… 24
    2.1.3　流形约束 ………………… 26
    2.1.4　代价函数 ………………… 28
    2.1.5　最优控制问题完整形式 … 29
  2.2　轨迹规划命题的数值求解 … 29
    2.2.1　全联立离散化 …………… 31
    2.2.2　非线性规划 ……………… 33
    2.2.3　非线性规划的初始化 …… 35
  2.3　AMPL 数值优化平台的应用 ……………………………… 36
    2.3.1　AMPL 的下载与安装 …… 36
    2.3.2　AMPL 的基本运行方式 … 37
    2.3.3　AMPL 的模型文件 ……… 38
    2.3.4　AMPL 的初始解文件 …… 43
    2.3.5　AMPL 与 Matlab 联合仿真平台 …………………………… 43
  2.4　轨迹决策的生成 …………… 46
    2.4.1　同伦轨线与轨迹决策 …… 46
    2.4.2　轨迹决策与路径+速度决策 …………………………… 48
    2.4.3　基本 A^* 算法与混合 A^* 算法 …………………………… 48
    2.4.4　基于 $S-T$ 图的搜索 …… 57
    2.4.5　$X-Y-T$ 三维 A^* 算法 … 59
  2.5　进一步提升轨迹规划命题求解效率的方法 ……………………… 62
    2.5.1　直接求解的困难 ………… 62
    2.5.2　场景隧道化建模思想 …… 63
  2.6　仿真实验 …………………… 63
  参考文献 ……………………………… 70
第 3 章　低速非结构化场景中的多车协同决策与规划方法 ……… 73
  3.1　协同轨迹决策与序贯轨迹决策 ……………………………… 73
    3.1.1　协同轨迹决策的困难 …… 73
    3.1.2　简化协同轨迹决策问题的思路 ……………………………… 74
    3.1.3　序贯轨迹决策中的优先级排序方法 ……………………… 75

3.1.4 序贯轨迹决策整体方案 …… 75
3.2 协同轨迹规划命题的构建 … 77
3.3 协同轨迹规划命题的求解 … 80
　3.3.1 直接求解的困难 ………… 80
　3.3.2 自适应渐进约束初始化
　　　　思想 ……………………… 80
　3.3.3 自适应渐进约束动态优化
　　　　算法 ……………………… 81
　3.3.4 进一步降低问题规模的
　　　　方法 ……………………… 84
3.4 仿真实验 …………………… 85
参考文献 ………………………… 89

第4章 结构化道路上的单一车辆决策与规划方法 ……… 91
4.1 结构化道路概述 …………… 91
　4.1.1 指引线及其生成方法 …… 91
　4.1.2 Frenet 坐标系及其弊端 …… 96
4.2 轨迹决策的生成 …………… 99
　4.2.1 基于 T-S-L 分层采样的解
　　　　空间构造 ………………… 99
　4.2.2 代价函数的设计 ……… 100
　4.2.3 基于动态规划的决策寻优 … 102
4.3 轨迹规划命题的构建与
　　求解 ………………………… 104
　4.3.1 基本命题模型及其弊病 … 104
　4.3.2 基于隧道化建模的轨迹规划
　　　　命题构建 ………………… 105
　4.3.3 进一步提升求解效率的
　　　　方法 ……………………… 108

4.4 轨迹规划在线求解能力保障
　　方案 ………………………… 108
　4.4.1 离散化精度渐变方案 … 109
　4.4.2 多完成度冗余计算方案 … 109
　4.4.3 基于在线查表的紧急避险
　　　　方案 ……………………… 110
4.5 仿真实验 …………………… 110
参考文献 ………………………… 115

第5章 结构化道路上的多车协同决策与规划方法 ……… 117
5.1 轨迹决策的生成 …………… 117
5.2 轨迹规划命题的构建 ……… 117
　5.2.1 主要协同行驶场景分析 … 117
　5.2.2 无信号灯平面十字交叉路口
　　　　场景的可通行区域 …… 118
　5.2.3 无信号灯平面十字交叉路口
　　　　通行任务 ………………… 121
5.3 轨迹规划命题的求解 ……… 123
　5.3.1 碰撞躲避约束条件的
　　　　简化 ……………………… 124
　5.3.2 基于渐进时域约束的
　　　　离线求解辅助策略 …… 124
　5.3.3 基于查表法的在线求解
　　　　方案 ……………………… 126
5.4 仿真实验 …………………… 126
参考文献 ………………………… 131

第6章 总结与展望 ……… 132
6.1 本书内容总结 ……………… 132
6.2 未来研究机遇 ……………… 133

第 1 章　智能网联汽车概述

1.1　智能网联汽车成为国际社会技术与产业竞争的制高点

　　新一轮信息技术革命孕育兴起，5G、人工智能、大数据、云计算等新一代信息通信技术与汽车、交通产业跨界融合日趋加深，智能化、网联化、电动化、共享化已成为汽车产业变革演进的主要方向。加快发展智能网联汽车产业，不仅是解决汽车社会面临的交通安全、道路拥堵、能源消耗、环境污染等问题的重要手段，更是促进汽车产业创新发展、构建汽车和交通服务新模式、建成现代化强国的重要支撑。

　　从国际上来看，智能网联汽车产业发展处于快速增长阶段，美欧日等发达国家在关键技术、产业和政策方面积累深厚，在部分领域形成先发优势。2015 年美国发布《智能交通系统战略规划（2015—2019）》，将推进车辆网联化、自动化作为两大重点任务，力求打造更加安全的车辆及道路。美国交通部于 2016 年 9 月、2017 年 9 月、2018 年 10 月以及 2020 年 1 月先后发布了《联邦自动驾驶汽车政策》《自动驾驶系统 2.0：安全愿景》《准备迎接未来交通：自动驾驶汽车 3.0》和《确保美国在自动车辆技术方面的领先地位：自动驾驶车辆 4.0》等系列文件，积极推动汽车自动驾驶发展。欧盟高度重视汽车智能化和网联化发展，欧盟委员会在其颁布的《欧盟 2020 战略》《欧盟一体化白皮书》《增强欧盟未来工业的战略价值链》等文件中，将车辆智能安全、信息化以及交通安全管理作为重点工作，认为自动驾驶和网联汽车可以支持欧盟打造更强大、更具竞争力的产业雄心，创造新的就业机会，促进经济增长。2014 年，由日本内阁牵头，警察厅、总务省、经济产业省、国土交通省等多部委联合推进"自动驾驶系统研发计划"，确定了两个核心：一是以网联化为代表的车联网技术攻关和产业化，二是以辅助驾驶、自动驾驶为核心的汽车智能化技术攻关和产业化，预期 2030 年实现全自动驾驶。与此同时，国际上一些传统行业巨头和新兴创新企业强强联合，优势互补，率先开展布局。国际汽车零部件巨头均在汽车电子方面加大布局，博世、大陆、德尔福、电装等企业占据汽车电子一级供应商的核心市场地位；美国通用汽车公司收购了自动驾驶汽车初创企业 Cruise Automation；奥迪集团、宝马集团与戴姆勒集团联合收购了诺基亚 Here 地图业务；宝马集团与戴姆勒集团联合开发自动驾驶技术；大众集团与福特集团合作布局自动驾驶及电动汽车等，国际产业界在竞争中占据主动。

我国各级政府部门积极加快部署智能网联汽车产业发展，有效形成跨部门协同机制。2017年2月，国务院印发了《"十三五"现代综合交通运输体系发展规划》[1]，提出加快推进智慧交通建设，不断提高信息化发展水平，充分发挥信息化对促进现代综合交通运输体系建设的支撑和引领作用。2017年4月，工业和信息化部、国家发展和改革委员会、科学技术部联合印发了《汽车产业中长期发展规划》[2]，提出智能网联汽车推进工程。2018年12月，工业和信息化部印发了《车联网（智能网联汽车）产业发展行动计划》[3]，以融合发展为主线，明确技术突破、综合应用等多项重点任务，力争推动形成深度融合、创新活跃、安全可信、竞争力强的车联网产业新生态。2019年9月，中共中央、国务院印发了《交通强国建设纲要》[4]，明确提出要加强新型载运工具研发，加强智能网联汽车（智能汽车、自动驾驶、车路协同）研发，形成自主可控完整的产业链。2020年2月，国家发展和改革委员会等十一部门联合发布《智能汽车创新发展战略》[5]，从技术、产业、应用和国际竞争综合分析说明智能汽车已成为汽车产业发展的战略方向。与此同时，为进一步加强跨部门协同，工业和信息化部召集国家发展和改革委员会、科学技术部、公安部、财政部、交通运输部等20个部委于2017年9月在国家制造强国建设领导小组下成立了"车联网产业发展专项委员会"，先后在北京、雄安新区和江苏无锡召开了三次全体会议，做好国家层面的顶层设计和统筹规划，务实推动产业发展。在产业层面，全国百余个城市已启动5G网络建设，上海、北京、无锡、重庆等20余城市积极开展车联网基础设施部署和先导性应用示范。上汽、一汽等13家汽车厂商发布了车联网商用时间计划，推动具备辅助驾驶功能汽车产业化，并积极开展高级自动驾驶汽车研发。百度高等级自动驾驶城市道路测试里程突破200万公里。阿里巴巴、腾讯、滴滴等互联网企业相继布局基于车路协同的智慧出行服务，不断创新服务模式。我国产业整体呈现良好发展态势。

1.2 智能决策是智能网联汽车的核心关键技术

智能网联汽车涉及汽车、电子、信息通信、交通等多个领域，其技术架构较为复杂。在2016年中国汽车工程学会组织编写的《节能与新能源汽车技术路线图》"智能网联汽车技术路线图"[6]中，将智能网联汽车划分为"三横两纵"式技术架构。"三横"是指智能网联汽车主要涉及的车辆、信息交互与基础支撑三大领域技术，"两纵"是指支撑智能网联汽车发展的车载平台以及基础设施条件。其中，智能决策技术是"三横"车辆领域技术的重要组成部分。

智能决策技术是指融合多传感信息、根据驾驶需求而进行的控制决策，包括行为预测、任务决策、路径规划、行为决策等多个方面，是汽车实现自动驾驶的"大脑"。动态的车道级路径规划是智能决策的基本需求。从空间尺度上看，路径规划可分为全局路径规划和局部路径规划，目前传统的路径规划属于全局路径规划，以道路为最小单元，而不考虑车道的方向、宽度、曲率、斜率等信息。自动驾驶在全局规划下还需要车道级的局部路径规划，以提供车道级别的行驶路线。从时间尺度上看，路径规划可分为静态规划和动态规划，传统路径规划已经能够实现实时性不强的动态规划功能，例如躲避拥堵、路线调整等，而自动驾驶需要更具实时性的路径规划能力。此外，行为预测能力成为智能决策技术的重大短板。在技术发展路线上，行为决策是自动驾驶必然要掌握的基本技能。从人类驾驶经验来看，行为预测也是驾驶员从新手到熟练过程的必备技能，从自动驾驶体验来看，尽管自动驾驶能够提供更加安全可靠的驾驶方式，但舒适性很差，更像是人类新手驾车，急停、慢起步等操作凸显行为预测能力的不足；在技术成熟度上，在深度学习等人工智能算法的快速发展下，目标的检测识别技术已经逐渐成熟，对目标行为的理解和预判成为下一阶段的重要挑战。

1.3 智能网联汽车轨迹决策与规划技术基础

本书聚焦于智能网联汽车智能决策技术中的局部行为决策与局部路径规划方面，以下将该部分称为轨迹决策与规划模块，该模块负责形成车辆的具体行驶行为。

智能网联汽车的决策与规划模块位于定位、导航、感知、通信等模块的下游，位于控制模块的上游。决策与规划模块接收到环境信息，结合行驶任务生成行驶轨迹，并将轨迹向车辆底盘下发。以图 1.1 所示的场景为例，在针对车辆 i 进行决策规划时，首先应根据定位结果，结合高精度地图信息，确定车辆 i 在当前局部场景中的可通行区域；随后根据感知结果及通信消息，确定周围障碍物位置及运动状态；继而在指引线指示的既定行驶方向上生成符合车辆运动学能力、安全、舒适且高效的局部行驶轨迹[7]。

决策与规划模块可进一步细分为决策步骤与规划步骤，其中决策步骤负责生成离散型决定，规划步骤负责生成时空连续的局部轨迹。以图 1.1 为例，决策步骤负责确定车辆 i 从哪一侧绕行图中所示的障碍物，确定对运动障碍物实施加速超越或减速让行。在决策限定的范围内，规划步骤结合车辆运动学模型、环境中的障碍物信息、行驶任务等求解得到平滑连续的局部行车轨迹。值得强调的是，本书以下部分将严格区分轨迹与路径的提法：路径是指平面空间中的几何曲线，而轨迹在路径基础上添加了时间戳信息，即额外指定了车辆沿几何曲线运动的速度。本节将回顾常见的决策规划方法。

决策是规划的前置环节。虽然决策步骤只需在有限种事件中实现离散型选择（例如选择从某侧绕行障碍物），但实际的决策方法按照其数据类型分为离散型与连续型。仍旧以图 1.1 为例，离散型决策方法输出的是分别从哪侧绕行图中两个障

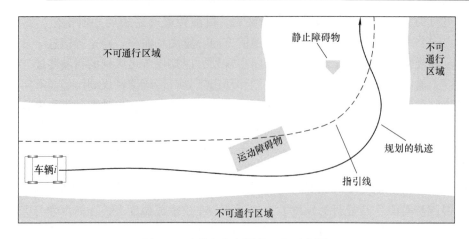

图 1.1　决策与规划模块运行示意图

碍物的布尔型数据,而连续型决策方法输出的是体现绕行方式的粗糙轨迹/路径。离散型决策方法主要包括马尔科夫系列方法[8,9]、有限状态机[10]以及机器学习方法[11,12],由于本书不涉及离散型决策技术,因此不对此展开介绍,相关方法论的回顾可参阅文献［13］。连续型决策方法与规划方法的界限非常模糊,这是因为经过决策得到的粗糙轨迹/路径在对规划精度要求不高时可以当作规划结果而直接输出,因此本节权且将连续型决策方法也视为规划方法,以下将具体回顾智能网联汽车涉及的轨迹/路径规划方法。需要说明的是,智能网联汽车实际应该下发至车辆底盘的信号是规划得到的开环轨迹而不是路径。即便如此,大量相关文献出于认为速度不甚重要或需要与路径解耦的目的而仅仅规划路径,因此我们将常见的路径规划方法也考虑进来。具体而言,我们将智能网联汽车规划方法按照应用场景分为四类:单车在低速非结构化场景中的规划、多车在低速非结构化场景中的规划、单车在结构化道路场景中的规划以及多车在结构化道路场景中的规划,以下将分别展开回顾。

1.3.1　单车在低速非结构化场景中的规划方法回顾

在非结构化场景中,智能网联汽车往往行驶速度不高,此时车辆运动学属性与带有 Ackermann 转向功能的轮式机器人相似,因此相应规划方法的发展主要源于机器人学科。与高速结构化道路场景相比,低速非结构化场景以泊车场景为典型代表,往往体现出杂乱、狭窄的特点,且场景中障碍物的运动模态难以准确跟踪或预测。此外,智能网联汽车在低速非结构化场景中运动时一般允许倒退,这也是导致该场景中的规划方法较之结构化道路上更加复杂的重要因素。

针对单一智能网联汽车,适用于低速非结构化场景的成熟规划方法可分为采样搜索(sample-and-search-based)方法以及最优控制(optimal control-based)方法两大类。采样搜索方法将连续的状态空间或控制空间分割为个数有限的基本结构（primitives），据此将状态/控制空间转化为包含节点、边的一张连通图，随后采用图搜索方法确定衔接起始位姿与终止位姿的轨迹或路径。采样搜索方法按照在状态空间或控制空间中进行采样，可以进一步细分为状态空间采样方法以及控制空间采样方法[14]。在状态空间进行采样的采样搜索典型方法应是早在1968年提出的 A* 算法[15]，该方法在忽略车辆 Ackermann 转向特性的前提下，将二维平面空间划分为网格，随后在由网格构成的图中依据"最优优先策略"探索终点，最终形成衔接起点与终点的路径。为进一步改善 A* 的搜索能力，人们提出了诸如 Weighted A*[16]、Anytime Repairing A*[17]、Anytime Dynamic A*[18]、Sparse A* Search[19] 以及 Lifelong Planning A*[20] 等改进方法。为了将车辆运动姿态考虑进来，一些方法借用了基本 A* 算法搜索策略，但将二维网格图进行升维改造，相关方法包括 Theta*[21]、Lazy Theta*[22] 等。近年常用的状态空间采样方法包括以 state - lattice 方法[23]为代表的确定性方法以及以闭环快速搜索随机树（Closed - Loop Rapidly - exploring Random Tree，CL - RRT）[24]为代表的随机性方法。state - lattice 方法在由车辆位姿组成的三维状态空间中进行采样，基于最优控制方法（稍后详细介绍）求解从每一节点到其附近所有节点的衔接路径，据此构建一张包含大量复杂边信息的连通图。这张图虽然复杂，但由于构建此图并不依赖起/终点位姿或环境中障碍物信息，因此这张连通图可以离线建立。当进行在线路径规划时，state - lattice 方法只需在离线建好的连通图中搜索衔接特定起始与终止节点的避障路径。CL - RRT 方法是基本 RRT 方法的改进方案。基本 RRT 方法在规划路径时，在二维平面空间中以蒙特卡洛方式随机生成局部探索节点并据此构造搜索树（即连通图），但 RRT 算法中的节点随机拓展过程未考虑车辆 Ackermann 转向特性。CL - RRT 方法的主要特点是将车辆运动学模型以及闭环控制器补入节点拓展环节，该方法在不甚影响计算效率的前提下实现了对车辆运动能力的充分考虑，具有高效、鲁棒的优点。除以上介绍的状态空间采样方法外，也可以在控制空间中进行采样。在车辆规划问题中，控制空间的维度远低于状态空间，因此在控制空间中进行采样搜索的计算效率较高，也天然具有符合车辆运动学甚至动力学的优势。举一个极端的例子，在采用微观受力模型描述车辆的动力学特性时，虽然规划问题中的状态变量多达数十个，但控制变量仍由纵向速度与横向转角这两个维度构成，在确定这两个维度上的控制变量后，只需前向模拟即可确定车辆系统的运动状态。鉴于在控制空间中采样能够保证搜索空间规模不大，因此控制空间采样方法比状态空间采样方法出现得早，其典型代表为 Fox 等于1996年提出的动态窗口法（Dynamic Window Approach，DWA）[25,26]。控制空间采样方法在近年来的典型代表是由 Dolgov 等人提出的混合 A*（hybrid A*）算法[27]，该算法被成功用在斯坦福大学在 DARPA（Defense Advanced Research Projects Agency，美国军方机构）城市挑战赛中的参赛车 Junior 上。Yoon 等提出了混合 A* 的简化版算法——Kinematics - and - Shape - aware A*（KSA*）[28]，该算法增强了车辆在狭窄场景中的搜索能力并在考虑车辆姿态角度的前提下将搜索空间降至二维。尽管对控制空间进行采样能够确保搜索规模不致过大，但会导致整个采样搜索算法不具有完备性。这里所说的完备性属于算法内在属性，它用于反映某一算法能否在问题但凡有解时一定找到可行解。控制空间采样方法不完备的直观解释见文献 [29]。

除上文所述的采样搜索方法之外，另一大类规划方法是最优控制方法，其核心特色是基于连续变量来搭建规划问题模型，因此能够更加直观、精细、统一地描述规划任务。用于描述车辆规划任务的最优控制问题由代价函数和约束条件组成，其中约束条件主要反映车辆运动能力、规划任务的始末运动状态以及避障限制条件，代价函数是筛选优质规划结果的依据，体现对于行车过程节能性、舒适性、可靠性的追求。对最优控制问题模型进行求解即可得到车辆运动轨迹/路径。在这一领域发展初期，人们主要关心如何获取最优控制问题的闭合解（即表述为显式多项式的规划结果），典型研究见文献 [30] 以及文献 [31]。随着场景及规划任务逐渐复杂化，人们难以获得一般规划命题的闭合解，因此最优控制问题的数值解法逐步引起了重视，这一研究方向在数学或控制学科中称为计算最优控制或数值最优控制[32]。在自动驾驶领域，目前针对一般最优控制问题的求解默认是指数值求解。

数值求解最优控制问题的方式是将最优控制问题首先依自变量进行离散化（其离散化精度远高于采样搜索方法中的采样分辨率），从而将最优控制问题转化为非线性规划（Nonlinear Programming，NLP）问题，随后求解之。这一 NLP 问题继承了原始最优控制问题模型中的难点，即问题自由度低（如上文所述，控制变量只包括车速与车轮转角）但状态变量众多，且碰撞躲避约束条件具有高维度、强非线性（非凸甚至局部不可微）的特点。总之，单一车辆在低速非结构化场景中进行轨迹/路径规划时，相应 NLP 问题的困难体现在其包含了大规模、强非线性约束条件。从处理 NLP 问题中约束条件的方式上来讲，常见的 NLP 问题解法分为严格约束方法以及约束软化方法。严格约束方法旨在求解能够严格满足 NLP 问题中全部约束条件的解，常用方法包括序贯二次规划（Sequence Quadratic Programming，SQP）方法[33,34]与内点算法（Interior-Point Method，IPM）[35-37]。本书将沿用严格约束方法求解 NLP 问题，更详细的讨论将在第 2 章中给出。约束软化方法将复杂的约束条件转化为外罚函数补入代价函数之中，从而构成一个至多只包含简单边界约束的非线性优化问题。约束软化方法的典型代表是文献 [27] 为进一步平滑处理混合 A* 生成的路径而使用的共轭梯度（Conjugate Gradient，CG）方法，该方法在建立的优化命题中将碰撞躲避限制条件描述为"车辆路径与附近障碍物尽量远离"的惩罚多项式，将车辆运动学方程描述为诸如"车辆路径曲率变化尽量小"的惩罚多项式，将这些惩罚多项式的线性组合当作代价函数，随后求解这一无约束非线性优化命题。由于优化命题中不存在硬性约束条件，上述方法存在潜在的碰撞风险，因此文献 [27] 中不得不为此设置保证避障功能的后处理机制。与 CG 方法类似，近年来出现了一种名为时变弹性绳（Timed Elastic Band，TEB）

算法[38]的约束软化方案,该算法由于在 ROS 社区中开源,因此具有一定影响力。TEB 方法的核心思想也是采用外罚函数巧妙地描述车辆运动学规律以及碰撞躲避限制,据此建立无约束优化命题,并利用 SLAM 领域成熟的 g^2o 优化器高效地求解之。TEB 的求解频率高达几十甚至上百赫兹,但 TEB 在稍显复杂的环境中往往生成穿越障碍物或明显违背车辆运动学规律的结果。总之,约束软化方法具有求解迅速的优势,但求解质量存在隐患,往往难以兼顾车辆运动学约束条件以及碰撞躲避约束条件。以上提到的两类 NLP 问题求解方法一般都仅具有局部寻优能力,这意味着 NLP 求解过程会收敛至某个局部最优解,而无法保证获得 NLP 问题的全局最优解。以图 1.1 为例,障碍物可视为"分水岭",从左右两侧绕行障碍物都是可行方案,两种方案在解空间中其实对应着两片相隔甚远的区域,在两个区域内分别存在着局部最优解,如果 NLP 优化求解过程始于其中某一区域,将最终仅可能收敛至该区域中的那个局部最优解。这意味着,初始解是否落在优质的解空间区域内,直接决定了最终局部最优解的全局最优性。为了保障 NLP 问题的求解质量,一种自然的想法是借用具有全局"视野"的算法快速生成粗糙却能指示绕行方式的初始解,并从该初始解的邻域开展局部优化。利用采样搜索方法生成初始解的方法包括文献 [39,40] 等,也有文献利用粒子群算法的全局随机性生成粗糙路径[41]。上述方法一般能够大幅度降低 NLP 问题的求解耗时并掌控求解质量。

  即便使用优质的初始解辅助求解,NLP 问题所具有的规模大、非线性强的属性仍旧存在。为解决这一问题,应考虑如何降低 NLP 问题的复杂程度,更准确地讲,是如何降低碰撞躲避相关约束条件的处理难度。近年来诞生了一批以局部隧道化建模策略为典型代表的 NLP 问题求解简化方法。局部隧道化建模策略致力于去掉 NLP 问题中冗余的碰撞躲避约束条件,它们正是导致 NLP 问题规模庞大的最重要原因。具体地,在给定一条粗略路径或轨迹后,既然 NLP 优化过程会在该初始解的邻域内展开并就近收敛,那么即便我们将初始解远处的障碍物从 NLP 问题模型中直接去掉也完全不会影响收敛结果,这样做却能够大幅度降低 NLP 问题的规模。进一步来讲,可以在初始解的邻域内构建一条"隧道"来彻底地将车身与周边障碍物隔离,从而将复杂的碰撞躲避约束彻底替换为规模及非线性程度皆可掌控的"车辆须行驶于隧道中"的约束。典型的局部隧道化建模方法目前包括文献 [42-44]。除局部隧道化建模策略外,NLP 问题的求解简化方法还包括渐进求解策略[45,46]以及其他针对碰撞躲避约束条件非凸性[39]或不可微性[47]的改造方案。此外,近几年还出现了将最优控制方法嵌入采样搜索框架中来直接进行在线路径规划的方法[48-50]以及利用最优控制结果训练卷积神经网络的尝试[51]。

  需补充说明的是,以上所述部分规划方法仅仅完成了路径规划,因此还需要额外步骤来匹配一条沿着该路径的速度变量才可完成最终的轨迹规划任务。也有相当数量文献要求控制器直接跟踪路径而不是轨迹,这也是导致决策规划层只需提供路径的原因,此时速度规划的任务转移到了闭环控制模块之中。

1.3.2　单车在结构化道路场景中的规划方法回顾

与非结构化低速场景相比，结构化道路场景中针对单一智能网联汽车的轨迹规划任务具有显著不同。从看待环境中移动物体方面来讲，众多非协作的社会车辆的行驶行为虽具有一定的可预测性，但其固有的未知性给规划任务带来了不小的挑战，甚至需要规划方法以最坏情况来看待周边态势[52]。从车辆运动学模型角度来讲，结构化道路一般会被设计得走势平缓，导致车辆在结构化道路中的运动行为一般不会触及车辆极限运动能力，这意味着可以使用非常简单的方法建模描述车辆的运动能力。从规划时效性来讲，由于结构化道路中的车速普遍较高，为留出安全保障时间裕度，一般要求规划方法在几十毫秒内完成一次完整计算。从路径与轨迹的关系来讲，应用于结构化道路场景中的规划方法往往需要输出轨迹而非路径，这意味着向路径匹配速度的任务一般不可以推卸到控制模块中完成[53]，否则会因自由度不足而直接导致车辆行驶行为死板甚至无法躲避危险[54]。通过以上分析可以发现，结构化场景中的规划算法设计需求较之于非结构化低速场景具有显著区别，因此道路上的规划方法一般不适用于非道路场景，反之亦然。

目前面向结构化道路的轨迹规划方法几乎都属于复合方法，这是因为单独进行采样搜索或优化无法直接完成规划任务。倘若按照上一小节的方式将文献归类则会出现同一文献同属多个类别的情况，徒增阐述难度。为此，我们决定从具体的轨迹规划方法中提炼基本特征标签并据此回顾文献。面向结构化道路的轨迹规划方法中常见技术特征包括坐标系简化、轨迹解耦、采样、搜索以及优化。

坐标系简化是指将规划任务从笛卡儿坐标系转移至 Frenet 坐标系中进行。结构化道路场景中一般存在一条指引车辆行驶宏观路线（route）的长距离平滑路径，即指引线。指引线的存在可以将描述各种道路走势的困难统一地简化，而简化的实现方式即建立 Frenet 坐标系。

轨迹解耦是指将轨迹规划任务分解为多阶段或多模块，从而降低解空间的维度。最常见的解耦方式是路径速度解耦方法。具体而言，完整的轨迹规划可视为在三维解空间（在二维平面空间基础上补充时间作为第三维度）中进行，而路径规划或速度规划只在二维解空间中进行，分别在两个二维解空间中求解的时间代价远小于一次性直接在三维解空间中求解，因此解耦会带来可观的求解时效性收益。

采样是指在轨迹规划解空间或解耦子空间中生成节点；如果这些节点构成连通图，则需在图中进行搜索。此处我们不再整体使用"采样搜索"的提法，因为采样后未必进行搜索，但搜索一定源于采样。

优化是指建立最优控制问题模型并进行求解。与非结构化场景中的情况不同的是，此时解析求解方法、数值求解方法均有机会使用，而数值求解方法不仅包括梯度优化方法，甚至包括元启发式算法等非梯度随机优化方法[55]。以下将结合上述 5 个标签对一些典型文献进行回顾。

Werling 等人[56]首次将 Frenet 坐标系概念应用于结构化道路上的轨迹规划任务，并提出了一种坐标系简化 + 轨迹解耦 + 采样 + 优化的方案。在将道路环境沿指引线建立 Frenet 坐标系之后，该方法将车辆轨迹解耦为沿着指引线方向（纵向）与垂直于指引线方向（横向）上的两个以时间为自变量的五次多项式函数，并先后确定纵向、横向函数的参数，将两个函数进行合成，即对应着规划出的轨迹。具体而言，纵向规划是一个自由度为 1 的优化任务，反映了使车辆纵向运动尽量平缓并严格符合边值条件的要求。横向规划在纵向规划的结果基础上进行，通过采样一系列末值位置即可构造一系列衔接初、末值的轨线，随后按某一代价函数从中筛选能够避障且横向偏移尽量平缓的轨线即可。

Xu 等人[57]提出了一种基于坐标系简化 + 轨迹解耦 + 采样 + 优化方法。该方法将轨迹分解为路径规划与速度规划，利用采样方法以及四次多项式衔接方法生成一系列平滑路径，随后沿着路径匹配一系列速度（速度生成方式与路径生成方式相似），组成一定数目的备选轨迹，通过特定代价函数从中筛选优质轨迹，并在其基础上进一步优化处理。在优化过程中，该方法仍旧避免直接处理轨迹，而是交替进行路径与速度优化来逐渐提升轨迹最优性。这种交替优化的想法启发了后来出现的百度 Appollo EM 算法[58]。另外，虽然 Xu 等人提出的方法没有明确提及在 Frenet 坐标系中规划，但其依据指引线走势生成路途点的处理方式以及采取车身始终平行于指引线的模型假设，都意味着将规划问题移至 Frenet 坐标系中完成。类似方法还包括文献 [59]。

McNaughton 等人[60]认为路径速度解耦会损失轨迹规划的最优性，因此将时间视为状态变量、基于多项式方法采样一系列时空轨线（spatiotemporal lattice）并构造连通图，随后通过动态规划（Dynamic Programming，DP）实现搜索，从而达到一次性规划轨迹的目的。类似的方法还包括 Ajanovic 等人[61]采用的时空 A* 搜索算法。

在以上方法中多次出现利用多项式样条采样的处理技巧，这里多项式样条在业内更常用的称谓即 lattice。之所以利用 lattice 进行采样，是因为它具有充分平滑的性质，符合车辆行驶舒适性需求。lattice 曲线一般由两点边值确定，如还有额外自由度，则经过优化[57]或筛选[62]来确定唯一一条 lattice。另外，也有不少文献采用简单采样方法，即使用线段直接衔接节点构成局部轨线，此时由于行车路径/轨迹形如折线，往往需要额外进行平滑处理，具体的处理过程可以是求解一个精细的优化命题，也可以是虚拟控制器跟踪粗略轨线的方法[24,63]。lattice 采样方法简练快速，但由于样条自由度不高，因此无法处置场景中多种障碍物构成复杂摆放组合时对应的极端算例[64]；简单采样方法虽然不受自由度制约，但两阶段求解过程需要额外的计算时间开销。

优化方法一般用于车辆路径/轨迹的平滑阶段，优化命题中需要体现车辆运动学模型以及避障约束。在道路上一般无须使用非凸的自行车模型描述车辆运动学性质，而是采用限制曲率[65,66]或加速度[67]的方式反映车辆运动能力。至于碰撞躲避约束，除了针对每一障碍物分别描述为障碍物体之外，也可采取隧道化建模方法，利用由采样或采样+搜索的方法提供粗略路径/轨迹来生成同伦隧道，从而将车辆与障碍物自然地隔离开，常见方法包括空间隧道[58,66,68]与时空隧道[69]。除使用成熟的优化器 IPM 或 SQP 外，Chen 等人[70]利用局部线性化技术、线性二次型最优控制理论以及内罚函数多项式构造了一种迭代优化方法，能够将复杂、不直观的 NLP 求解过程拆解为直观的渐进寻优过程，这有利于算法开发者对优化过程进行理解与掌控，而不是将 NLP 求解环节整体视作黑箱。

更为完备的文献回顾工作可参阅近年发表的文献 [71, 72]。

1.3.3　多车在低速非结构化场景中的协同规划方法回顾

多车协同轨迹规划是指在给定多辆智能网联汽车在初始时刻的运动状态、行驶任务以及环境信息的前提下，对各车计算符合车辆运动学特性、保证各车辆与环境中障碍物不发生碰撞、保证各车辆之间不发生碰撞并且尽量满足舒适性和时效性等指标的行驶轨迹[73]。低速非结构化场景中的多车协同轨迹规划任务与现阶段自动驾驶研发初期的目标相距较远，因此相关文献不多。现有方法分为集中式（centralized）方法与解耦式（decoupled）方法，以下将分别进行介绍。

集中式方法的核心特点是完整描述规划问题，并要求一次性求解所有车辆的行驶轨迹。1.3.1 小节中介绍的采样搜索方法一般不适用于集中式多车协同规划任务，这是因为采样搜索方法一般只规划路径而无法兼顾多车之间的碰撞约束，也因为搜索过程中可拓展子节点个数会随着车队规模增长而快速增长，导致搜索效率低下。目前，面向多机器人协同规划的集中式搜索方法包括文献 [74-76]，但它们一般无法直接应用于含有非完整约束的车辆系统，详细的文献回顾可参阅文献 [77]。采用最优控制问题形式描述集中式多车协同规划任务不存在困难，但问题规模会随着车辆个数快速增长：假设存在 N_V 辆协同运动的智能网联车辆，车辆之间的碰撞躲避约束条件种类数为 $C_{N_V}^2$，它随着 N_V 而几何增长。根据笔者的实际经验，在没有初始解引导的前提下，即便处理三四辆车协同运动的问题都会经常遇到收敛缓慢乃至收敛失败的现象。为解决这一问题，文献 [78-79] 采用将原始命题中的复杂部分拆分而逐步解决的序贯初始化方法提升求解成功率，这样做会导致结果被逐步诱导至某一局部最优解，虽然其全局最优性存疑，但至少从名义上完成了集中式协同规划任务。在更宽泛的机器人领域中，现存一些采用数值最优控制方法处理简化模型条件下的小规模非完整约束系统协同轨迹规划问题的方法，例如文献 [80-82]，相关的文献回顾可参阅文献 [83]。

与集中式方法相对应的是解耦式方法，其特点是将完整而复杂的原始命题进行某一种或多种解耦处理，从而将原始的多车协同命题转化为一系列简单问题来分别解决。常见的解耦式策略包括优先级分配策略、运动协调策略以及分组策略。优先级分配策略是指遵循某一准则向各车辆分配优先级，随后按照优先级从高到低的次序对所有车辆分别进行轨迹规划；在对低优先级车辆进行轨迹规划时，先前已完成规划的高优先级车辆将被视作移动障碍物[84-89]。运动协调策略是指先临时地将完整命题中的部分约束去掉来进行规划，随后针对其中局部冲突进行协调[90-94]。分组策略是指将完整车辆编队划分为小规模子类，从而使得各子类中的车辆与其余子类不发生碰撞或各子类内部可合并为整体而同步运动[95,96]。以上解耦式方法从不同角度来避免一次性地求解完整的集中式的命题，也可以通过综合多种策略形成混合方案，如何兼顾算法的求解效率与质量是研发这一类方法时需要慎重思考的问题。

1.3.4　多车在结构化道路场景中的协同规划方法回顾

除上一小节介绍的非结构化场景情况外，结构化道路场景中也可针对多辆智能网联汽车进行协同规划。由于场景中存在大量移动障碍物，单纯进行路径规划并无意义，因此协同规划默认是指轨迹规划。在结构化道路上，适合开展多车协同规划的情景主要包括路段上的换道任务[97-102]、汇入车流任务[103-108]以及无信号灯路口中的通行任务[109-112]，这些道路环境中多车协同规划任务的本质是协调各车辆运动轨迹之间的潜在冲突。无信号灯路口场景中的协同轨迹规划是反映多车运动存在严重潜在冲突的最典型任务[113]，针对这一任务的文献相对较多且能够体现智能网联汽车协同规划方法的发展历程，本小节将主要回顾这一任务中的技术方法。

名义上来讲，多车协同轨迹规划问题是一个高维度的最优控制问题。这个最优控制问题将整个车辆编队视为一个大系统，将协同规划任务视为针对这一大系统的两点边值控制问题，而这个大系统的空间形态是分散的，状态也由各车辆运动状态组合而成。试图直接求解这个集中式最优控制问题的方法有文献［114-117］，其中文献［114-115］采用序贯初始化方法完成了针对精细模型的求解，该方法虽然能最终得到一个局部最优解，但其序贯初始化过程隐含着确定各车辆通行顺序，导致用户无法掌控求解质量；文献［116-117］将各车辆的通行顺序显式地设置为离散型优化变量，并据此将集中式最优控制问题描述为混合整数二次规划问题。为了降低计算负担，文献［118-122］采用提前确定车辆通行次序的方式将求解限定在高维解空间的某一邻域内，最终获得特定通行顺序下的最优解。需要说明的是，绝大多数现有算法默认假设各车辆在路口中运动路径固定，此时协同轨迹规划问题等价于"在决定车辆通过路口时间顺序前提下进行协同速度规划"[123]，各车辆之间的绕行方式可随着通行顺序而唯一确定，因此一般不专门关心车辆的绕行决策。

与以上集中式求解方法相对应的解耦式求解方法包括序贯求解策略与并行求解策略[124]。序贯求解策略要求提前确定各车辆的规划优先级顺序（注意此处的规划优先级顺序与上文提到的路口通行顺序是不同概念，不同优先级排序下的规划结果可以对应着相同的通行顺序），随后针对各车辆逐一进行轨迹规划[125-127]。典型的规划优先级顺序决定方式是 FCFS（First Come First Served）策略[128]。鉴于序贯求解策略会导致低优先级车辆的可行驶时空受到严重制约，并行求解策略主张在对低优先级车辆进行规划时使用高优先级车辆的预测轨迹而不是实际轨迹[129-131]。

参考文献

[1] 中华人民共和国国务院."十三五"现代综合交通运输体系发展规划［A/OL］.［2017-02-03］. http://www.moe.gov.cn/jyb_sy/sy_gwywj/201703/t20170301_297647.html.

[2] 中华人民共和国工业和信息化部,国家发展改革委,科技部.汽车中长期发展规划［A/OL］.［2017-04-25］. http://www.miit.gov.cn/n1146295/n1652858/n1652930/n3757018/c5600356/content.html.

[3] 中华人民共和国工业和信息化部.车联网（智能网联汽车）产业发展行动计划［A/OL］.［2018-12-27］. http://www.miit.gov.cn/n1146285/n1146352/n3054355/n3057497/n3057498/c6564019/content.html.

[4] 中华人民共和国国务院.交通强国建设纲要［A/OL］.［2019-09-19］. http://www.gov.cn/zhengce/2019-09/19/content_5431432.html.

[5] 中华人民共和国国家发展和改革委员会.智能汽车创新发展战略［A/OL］.［2020-02-10］. http://www.gov.cn/zhengce/zhengceku/2020-02/24/content_5482655.html.

[6] 节能与新能源汽车技术路线图战略咨询委员会,中国汽车工程学会.节能与新能源汽车技术路线图［M］.北京：机械工业出版社,2017.

[7] GONZÁLEZ D, PÉREZ J, MILANÉS V, et al. A review of motion planning techniques for automated vehicles［J］. IEEE Transactions on Intelligent Transportation Systems, 2015 17,（4）: 1135-1145.

[8] 宋威龙.城区动态环境下智能车辆行为决策研究［D］.北京：北京理工大学,2016.

[9] 耿新力.城区不确定环境下无人驾驶车辆行为决策方法研究［D］.合肥：中国科学技术大学,2017.

[10] 冀杰,黄岩军,李云伍,等.基于有限状态机的车辆自动驾驶行为决策分析［J］.汽车技术,2018,（12）: 5-11.

[11] SHALEV-SHWARTZ S, SHAMMAH S, SHASHUA A. Safe, multi-agent, reinforcement learning for autonomous driving［J/OL］. arXiv preprint, available at https://arxiv.org/abs/1610.03295v1, 2016.

[12] BOJARSKI M, et al. End to end learning for self-driving cars［J/OL］. arXiv preprint, available at: https://arxiv.org/abs/1604.07316, 2016.

[13] 熊璐,等.无人驾驶车辆行为决策系统研究［J］.汽车技术,2018,（8）: 4-12.

[14] LJUNGQVIST O, EVESTEDT N, AXEHILL D, et al. A path planning and path-following control framework for a general 2-trailer with a car-like tractor［J/OL］. arXiv preprint, available at https://arxiv.org/abs/1904.01651v2, 2019.

[15] HART P E, NILSSON N J, RAPHAEL B. A formal basis for the heuristic determination of mini-

mum cost paths [J]. IEEE Transactions on Systems Science and Cybernetics, 1968, 4, (2): 100 - 107.

[16] ZHOU R, HANSEN E A. Multiple sequence alignment using anytime A* [J]. Proc. 2002 AAAI/IAAI, 2002: 975 - 977.

[17] LIKHACHEV M, GORDON G J, THRUN S. ARA*: Anytime A* with provable bounds on sub - optimality [J]. Advances in Neural Information Processing Systems, 2004, 767 - 774.

[18] LIKHACHEV M, FERGUSON D I, GORDON G J, et al. Anytime dynamic A*: An anytime, replanning algorithm [J]. Proc. 2005 ICAPS, 2005 (5): 262 - 271.

[19] SZCZERBA R J, GALKOWSKI P, GLICKTEIN I S, et al. Robust algorithm for real - time route planning [J]. IEEE Transactions on Aerospace and Electronic Systems, 2000, 36 (3): 869 - 878.

[20] KOENIG S, LIKHACHEV M, FURCY D. Lifelong planning A* [J]. Artificial Intelligence, 2004, 155: 93 - 146.

[21] DANIEL K, NASH A, KOENIG S, et al. Theta*: Any - angle path planning on grids [J]. Journal of Artificial Intelligence Research, 2010, 39: 533 - 579.

[22] NASH A, KOENIG S, TOVEY C. Lazy Theta*: Any - angle path planning and path length analysis in 3D [C]. Proc. 24th AAAI Conference on Artificial Intelligence, [sl: sn], 2010.

[23] HOWARD T M, KELLY A. Optimal rough terrain trajectory generation for wheeled mobile robots [J]. International Journal of Robotics Research, 2007, 26 (2) 141 - 166.

[24] KUWATA Y, TEO J, FIORE G, et al. Real - time motion planning with applications to autonomous urban driving [J]. IEEE Transactions on Control Systems Technology, 2009, 17 (5): 1105 - 1118.

[25] FOX D, BURGARD W, THRUN S. Controlling synchro - drive robots with the dynamic window approach to collision avoidance [C]. Proc. 1996 IEEE/RSJ International Conference on Intelligent Robots and Systems (IROS), [sl: sn], 1996.

[26] FOX D, BURGARD W, THRUN S. The dynamic window approach to collision avoidance [J]. IEEE Robotics & Automation Magazine, 1997, 4 (1): 23 - 33.

[27] DOLGOV D, THRUN S, MONTEMERLO M, et al. Path planning for autonomous vehicles in unknown semi - structured environments [J]. International Journal of Robotics Research, 2010, 29 (5): 485 - 501.

[28] YOON S, YOON S E, LEE U, et al. Recursive path planning using reduced states for car - like vehicles on grid maps [J]. IEEE Transactions on Intelligent Transportation Systems, 2015, 16 (5): 2797 - 2813.

[29] HOWARD T M, GREEN C J, KELLY A, et al. State space sampling of feasible motions for high - performance mobile robot navigation in complex environments [J]. Journal of Field Robotics, 2008, 25: 325 - 345.

[30] MURRAY R M, SASTRY S S. Steering nonholonomic systems using sinusoids [C]. Proc. 29th IEEE Conference on Decision and Control (CDC), [sl: sn], 1990.

[31] PATTEN W N, WU H C, CAI W. Perfect parallel parking via Pontryagin's principle [J]. Jour-

nal of Dynamic Systems, Measurement, and Control, 1994, 116 (4): 723 - 728.

[32] 李柏. 复杂约束下自动驾驶车辆运动规划的计算最优控制方法研究 [D]. 杭州: 浙江大学, 2018.

[33] KONDAK K, HOMMEL G. Computation of time optimal movements for autonomous parking of non - holonomic mobile platforms [C]. Proc. 2001 IEEE International Conference on Robotics and Automation (ICRA), [sl: sn], 2001.

[34] ZIPS P, BÖCK M, KUGI A. Optimisation based path planning for car parking in narrow environments [J]. Robotics and Autonomous Systems, 2016, 79: 1 - 11.

[35] LI B, SHAO Z. A unified motion planning method for parking an autonomous vehicle in the presence of irregularly placed obstacles [J]. Knowledge - Based Systems, 2015, 86: 11 - 20.

[36] LI B, SHAO Z. Time - optimal maneuver planning in automatic parallel parking using a simultaneous dynamic optimization approach [J]. IEEE Transactions on Intelligent Transportation Systems, 2016, 17 (11): 3263 - 3274.

[37] LI B, SHAO Z. Simultaneous dynamic optimization: A trajectory planning method for nonholonomic car - like robots [J]. Advances in Engineering Software, 2015, 87: 30 - 42.

[38] RÖSMANN C, HOFFMANN F, BERTRAM T. Integrated online trajectory planning and optimization in distinctive topologies [J]. Robotics and Autonomous Systems, 2017, 88: 142 - 153.

[39] ZHANG X, LINIGER A, SAKAI A, et al. Autonomous parking using optimization - based collision avoidance [C]. Proc. 2018 IEEE Conference on Decision and Control (CDC), [sl: sn], 2018.

[40] BERGMAN K. On Motion Planning using Numerical Optimal Control [M]. [sl]: Linköping University Electronic Press, 2019.

[41] CHAI R, TSOURDOS A, SAVVARIS A, et al. Two - stage trajectory optimization for autonomous ground vehicles parking maneuver [J]. IEEE Transactions on Industrial Informatics, 2019, 15 (7): 3899 - 3909.

[42] ANDREASSON H, SAARINEN J, CIRILLO M, et al. Fast, continuous state path smoothing to improve navigation accuracy [C]. Proc. 2015 IEEE International Conference on Robotics and Automation (ICRA) [sl: sn], 2015.

[43] LI B, ACARMAN T, PENG X, et al. Maneuver planning for automatic parking with safe travel corridors: A numerical optimal control approach [C]. Proc. 2020 European Control Conference (ECC), [sl: sn], 2020.

[44] CHEN C, RICKERT M, KNOLL A. Path planning with orientation - aware space exploration guided heuristic search for autonomous parking and maneuvering [C]. Proc. 2015 IEEE Intelligent Vehicles Symposium (IV), [sl: sn], 2015.

[45] LI B, ZHANG Y, SHAO Z. Spatio - temporal decomposition: A knowledge - based initialization strategy for parallel parking motion optimization [J]. Knowledge - Based Systems, 2016, 107: 179 - 196.

[46] BERGMAN K, AXEHILL D. Combining homotopy methods and numerical optimal control to solve motion planning problems [C]. Proc. 2018 IEEE Intelligent Vehicles Symposium (IV), [sl: sn], 2018.

[47] SHI S, XIONG Y, CHEN J, XIONG C. A bilevel optimal motion planning (BOMP) model with application to autonomous parking [J]. International Journal of Intelligent Robotics and Applications, 2019, 3: 370-382.

[48] PEREZ A, PLATT R, KONIDARIS G, et al. LQR-RRT*: Optimal sampling-based motion planning with automatically derived extension heuristics [C]. Proc. 2012 IEEE International Conference on Robotics and Automation (ICRA), [sl: sn], 2012.

[49] STONEMAN S, LAMPARIELLO R. Embedding nonlinear optimization in RRT* for optimal kinodynamic planning [C]. Proc. 53rd IEEE Conference on Decision and Control (CDC), [sl: sn], 2014.

[50] XIE C, van den BERG J, PATIL S, et al. Toward asymptotically optimal motion planning for kinodynamic systems using a two-point boundary value problem solver [C]. Proc. 2015 IEEE International Conference on Robotics and Automation (ICRA), [sl: sn], 2015.

[51] MOON J, BAE I, KIM S. Automatic parking controller with a twin artificial neural network architecture [J]. Mathematical Problems in Engineering, 2019, 4801985: 1-18.

[52] MAGDICI S, ALTHOFF M. Fail-safe motion planning of autonomous vehicles [C]. Proc. 19th IEEE International Conference on Intelligent Transportation Systems (ITSC), [sl: sn], 2016.

[53] LIU C, ZHAN W, TOMIZUKA M. Speed profile planning in dynamic environments via temporal optimization [C]. Proc. 2017 IEEE Intelligent Vehicles Symposium (IV), [sl: sn], 2017.

[54] MILLER C, PEK C, ALTHOFF M. Efficient mixed-integer programming for longitudinal and lateral motion planning of autonomous vehicles [C]. Proc. 2018 IEEE Intelligent Vehicles Symposium (IV), [sl: sn], 2018.

[55] CLAUSSMANN L, REVILLOUD M, GLASER S. Simulated annealing-optimized trajectory planning within non-collision nominal intervals for highway autonomous driving [C]. Proc. 2019 International Conference on Robotics and Automation (ICRA), [sl: sn], 2019.

[56] WERLING M, ZIEGLER J, KAMMEL S, et al. Optimal trajectory generation for dynamic street scenarios in a frenet frame [C]. Proc. 2010 IEEE International Conference on Robotics and Automation (ICRA), [sl: sn], 2010.

[57] XU W, et al. A real-time motion planner with trajectory optimization for autonomous vehicles [C]. Proc. 2012 IEEE International Conference on Robotics and Automation (ICRA), [sl: sn], 2012.

[58] FAN H, et al. Baidu apollo EM motion planner [J]. arXiv preprint, available at https://arxiv.org/abs/1807.08048, 2018.

[59] LI X, SUN Z, CAO D, et al. Real-time trajectory planning for autonomous urban driving: Framework, algorithms, and verifications [J]. IEEE/ASME Transactions on Mechatronics, 2015, 21, (2): 740-753.

[60] MCNAUGHTON M, URMSON C, DOLAN J M, et al. Motion planning for autonomous driving with a conformal spatiotemporal lattice [C]. Proc. 2011 IEEE International Conference on Robotics and Automation (ICRA), [sl: sn], 2011.

[61] AJANOVIC Z, LACEVIC B, SHYROKAU B, et al. Search-based optimal motion planning for

automated driving [C]. Proc. 2018 IEEE/RSJ International Conference on Intelligent Robots Systems (IROS),[sl:sn],2018.

[62] HU X, CHEN L, TANG B, et al. Dynamic path planning for autonomous driving on various roads with avoidance of static and moving obstacles [J]. Mechanical Systems and Signal Processing, 2018, 100: 482 – 500.

[63] MA L, et al. Efficient sampling – based motion planning for on – road autonomous driving [J]. IEEE Transactions on Intelligent Transportation Systems, 2015, 16 (4): 1961 – 1976.

[64] GU T, SNIDER J, DOLAN J M, et al. Focused trajectory planning for autonomous on – road driving [C]. Proc. 2013 IEEE Intelligent Vehicles Symposium (IV),[sl:sn],2013.

[65] MENG Y, WU Y, GUI Q, et al. A decoupled trajectory planning framework based on the integration of lattice searching and convex optimization [J]. IEEE Access, 2019, (7): 130530 – 130551.

[66] ZHAN W, LI J, HU Y, et al. Safe and feasible motion generation for autonomous driving via constrained policy net [C]. Proc. 43rd IECON Annual Conference of IEEE Industrial Electronics Society,[sl:sn],2017.

[67] LIM W, LEE S, SUNWOO M, et al. Hierarchical trajectory planning of an autonomous car based on the integration of a sampling and an optimization method [J]. IEEE Transactions on Intelligent Transportation Systems, 2018, 19 (2): 613 – 626.

[68] ZIEGLER J, BENDER P, DANG T, et al. Trajectory planning for Bertha—A local, continuous method [C]. Proc. 2014 IEEE Intelligent Vehicles Symposium (IV),[sl:sn],2014.

[69] DING W, ZHANG L, CHEN J, et al. Safe trajectory generation for complex urban environments using spatio – temporal semantic corridor [J]. IEEE Robotics and Automation Letters, 2019, 4, (3): 2997 – 3004.

[70] CHEN J, ZHAN W, TOMIZUKA M. Autonomous driving motion planning with constrained iterative LQR [J]. IEEE Transactions on Intelligent Vehicles, 2019, 4 (2): 244 – 254.

[71] CLAUSSMANN L, REVILLOUD M, GRUYER D, et al. A review of motion planning for highway autonomous driving [J/OL]. IEEE Transactions on Intelligent Transportation Systems, accepted, available at https: //doi. org/10. 1109/TITS. 2019. 2913998, 2019.

[72] KATRAKAZAS C, QUDDUS M, CHEN W H, et al. Real – time motion planning methods for autonomous on – road driving: State – of – the – art and future research directions [J]. Transportation Research Part C: Emerging Technologies, 2015, 60: 416 – 442.

[73] GUANETTI J, KIM Y, BORRELLI F. Control of connected and automated vehicles: State of the art and future challenges [J]. Annual Reviews in Control, 2018, 45: 18 – 40.

[74] WAGNER G, CHOSET H. M*: A complete multirobot path planning algorithm with performance bounds [C]. Proc. 2011 IEEE/RSJ International Conference on Intelligent Robots and Systems (IROS),[sl:sn],2011.

[75] YU J, LAVALLE S M. Optimal multirobot path planning on graphs: Complete algorithms and effective heuristics [J]. IEEE Transactions on Robotics, 2016, 32, (5): 1163 – 1177.

[76] SOLOVEY K, SALZMAN O, HALPERIN D. Finding a needle in an exponential haystack: Dis-

crete RRT for exploration of implicit roadmaps in multi-robot motion planning [J]. International Journal of Robotics Research, 2016, 35, (5): 501-513.

[77] FELNER A, et al. Search-based optimal solvers for the multi-agent pathfinding problem: Summary and challenges [C]. Proc. 10th Annual Symposium on Combinatorial Search, [sl: sn], 2017.

[78] LI B, SHAO Z, ZHANG Y, et al. Nonlinear programming for multi-vehicle motion planning with Homotopy initialization strategies [C]. Proc. 13th IEEE Conference on Automation Science and Engineering (CASE), [sl: sn], 2017.

[79] LI B, ZHANG Y, SHAO Z, et al. Simultaneous versus joint computing: A case study of multi-vehicle parking motion planning [J]. Journal of Computational Science, 2017 (20): 30-40.

[80] BORRELLI F, SUBRAMANIAN D, RAGHUNATHAN A U, et al. MILP and NLP techniques for centralized trajectory planning of multiple unmanned air vehicles [C]. Proc. 2006 American Control Conference (ACC), [sl: sn], 2006.

[81] LI B, et al. Centralized and optimal motion planning for large-scale AGV systems: A generic approach [J]. Advances in Engineering Software, 2017, 106: 33-46.

[82] RICHARDS A, HOW J P. Aircraft trajectory planning with collision avoidance using mixed integer linear programming [C]. Proc. 2002 American Control Conference (ACC), [sl: sn], 2002.

[83] ABICHANDANI P, FORD G, BENSON H Y, et al. Mathematical programming for multi-vehicle motion planning problems [C]. Proc. 2012 IEEE International Conference on Robotics and Automation (ICRA), [sl: sn], 2012.

[84] CHEN M, FISAC J F, SASTRY S, et al. Safe sequential path planning of multi-vehicle systems via double-obstacle Hamilton-Jacobi-Isaacs variational inequality [C]. Proc. 2015 European Control Conference (ECC), [sl: sn], 2015.

[85] FRESE C, BEYERER J. A comparison of motion planning algorithms for cooperative collision avoidance of multiple cognitive automobiles [C]. Proc. 2011 IEEE Intelligent Vehicles Symposium (IV), [sl: sn], 2011.

[86] BERG J, SNOEYINK J, LIN M C, et al. Centralized path planning for multiple robots: Optimal decoupling into sequential plans [C]. Robotics: Science and Systems, [sl: sn], 2009.

[87] LE D, PLAKU E. Cooperative multi-robot sampling-based motion planning with dynamics [C]. Proc. 27th International Conference on Automated Planning and Scheduling, [sl: sn], 2017.

[88] KALA R, WARWICK K, Planning of multiple autonomous vehicles using RRT [C]. Proc. 10thIEEE International Conference on Cybernetic Intelligent Systems (CIS), [sl: sn], 2011.

[89] LIU S, SUN D, ZHU C. A dynamic priority based path planning for cooperation of multiple mobile robots in formation forming [J]. Robotics and Computer-Integrated Manufacturing, 2014, 30 (6): 589-596.

[90] VELAGAPUDI P, SYCARA K, SCERRI P. Decentralized prioritized planning in large multirobot teams [C]. Proc. 2010 IEEE/RSJ International Conference on Intelligent Robots and Systems (IROS), [sl: sn], 2010.

[91] LE D, PLAKU E. Multi-robot motion planning with dynamics via coordinated sampling-based expansion guided by multi-agent search [J]. IEEE Robotics and Automation Letters, 2019, 4(2): 1868-1875.

[92] LIAN F L, MURRAY R. Real-time trajectory generation for the cooperative path planning of multi-vehicle systems [C]. Proc. 41st IEEE Conference on Decision and Control (CDC), [s1: sn], 2002.

[93] Van PARYS R, PIPELEERS G. Distributed MPC for multi-vehicle systems moving in formation [J]. Robotics and Autonomous Systems, 2017, 97: 144-152.

[94] 章谨. 基于网格化场景下多车式机器人运动协调算法研究与实现 [D]. 北京: 北京交通大学, 2017.

[95] DESIRAJU D, CHANTEM T, HEASLIP K. Minimizing the disruption of traffic flow of automated vehicles during lane changes [J]. IEEE Transactions on Intelligent Transportation Systems, 2015, 16(3): 1249-1258.

[96] XU H, FENG S, ZHANG Y, et al. A grouping based cooperative driving strategy for cavs merging problems [J]. IEEE Transactions on Vehicular Technology, 2019, 68(6): 6125-6136.

[97] KHAN U, BASARAS P, SCHMIDT-THIEME L, et al. Analyzing cooperative lane change models for connected vehicles [C]. Proc. 2014 International Conference on Connected Vehicles and Expo (ICCVE), [s1: sn], 2014.

[98] LI B, et al. Balancing computation speed and quality: A decentralized motion planning method for cooperative lane changes of connected and automated vehicles [J]. IEEE Transactions on Intelligent Vehicles, 2018, 3(3): 340-350.

[99] LI B, et al. Optimal control-based online motion planning for cooperative lane changes of connected and automated vehicles [C]. Proc. 2017 IEEE/RSJ International Conference on Intelligent Robots and Systems (IROS), [s1: sn], 2017.

[100] LI B, JIA N, LI P, et al. Incrementally constrained dynamic optimization: A computational framework for lane change motion planning of connected and automated vehicles [J]. Journal of Intelligent Transportation Systems, 2019, 23(6): 557-568.

[101] CHEN R, CASSANDRAS C G, TAHMASBI-SARVESTANI A. Time and energy optimal lane change maneuvers for cooperating connected automated vehicles [J/OL], arXiv preprint, available at https://arxiv.org/abs/1902.08121v2, 2019.

[102] LI B, et al. Paving green passage for emergency vehicle in heavy traffic: Real-time motion planning under the connected and automated vehicles environment [C]. Proc. 2017 IEEE International Symposium on Safety, Security and Rescue Robotics (SSRR), [s1: sn], 2017.

[103] RIOS-TORRES J, MALIKOPOULOS A A. Automated and cooperative vehicle merging at highway on-ramps [J]. IEEE Transactions on Intelligent Transportation Systems, 2016, 18(4): 780-789.

[104] XIE Y, ZHANG H, GARTNER N H, et al. Collaborative merging strategy for freeway ramp operations in a connected and autonomous vehicles environment [J]. Journal of Intelligent Transportation Systems, 2017, 21(2): 136-147.

[105] BEVLY D, et al. Lane change and merge maneuvers for connected and automated vehicles: A survey [J]. IEEE Transactions on Intelligent Vehicles, 2016, 1 (1): 105 – 120.

[106] RIOS – TORRES J, MALIKOPOULOS A, PISU P. Online optimal control of connected vehicles for efficient traffic flow at merging roads [C]. Proc. 2015 IEEE 18th International Conference on Intelligent Transportation Systems (ITSC), [sl: sn], 2015.

[107] LETTER C, ELEFTERIADOU L. Efficient control of fully automated connected vehicles at freeway merge segments [J]. Transportation Research Part C: Emerging Technologies, 2017, 80: 190 – 205.

[108] Wang Y, et al. Automated on – ramp merging control algorithm based on internet – connected vehicles [J]. IET Intelligent Transport Systems, 2013, 7 (4): 371 – 379.

[109] RIOS – TORRES J, MALIKOPOULOS A. A survey on the coordination of connected and automated vehicles at intersections and merging at highway on – ramps [J]. IEEE Transactions on Intelligent Transportation Systems, 2016, 18 (5): 1066 – 1077.

[110] CHEN L, ENGLUND C. Cooperative intersection management: A survey [J]. IEEE Transactions on Intelligent Transportation Systems, 2015, 17 (2): 570 – 586.

[111] QIAN X, ALTCHÉ F, GRÉGOIRE J, et al. Autonomous intersection management systems: Criteria, implementation and evaluation [J]. IET Intelligent Transport Systems, 2017, 11, (3): 182 – 189.

[112] LI B, ZHANG Y. Fault – tolerant cooperative motion planning of connected and automated vehicles at a signal – free and lane – free intersection [J]. IFAC – PapersOnLine, 2018, 51 (24): 60 – 67.

[113] XU B, et al. Distributed conflict – free cooperation for multiple connected vehicles at unsignalized intersections [J]. Transportation Research Part C: Emerging Technologies, 2018, 93: 322 – 334.

[114] KAMAL M, IMURA J I, HAYAKAWA T, et al. A vehicle – intersection coordination scheme for smooth flows of traffic without using traffic lights [J]. IEEE Transactions on Intelligent Transportation Systems, 2014, 16 (3): 1136 – 1147.

[115] LI B, et al. Near – optimal online motion planning of connected and automated vehicles at a signal – free and lane – free intersection [C]. Proc. 2018 IEEE Intelligent Vehicles Symposium (IV), [sl: sn], 2018.

[116] HULT R, CAMPOS G R, FALCONE P, et al. An approximate solution to the optimal coordination problem for autonomous vehicles at intersections [C]. Proc. 2015 American Control Conference (ACC), [sl: sn], 2015.

[117] BALI C, RICHARDS A. Merging vehicles at junctions using mixed – integer model predictive control [C]. Proc. 2018 European Control Conference (ECC), [sl: sn], 2018.

[118] MURGOVSKI N, CAMPOS G R, SJÖBERG J. Convex modeling of conflict resolution at traffic intersections [C]. Proc. 54th IEEE Conference on Decision and Control (CDC), [sl: sn], 2015.

[119] RIEGGER L, CARLANDER M, LIDANDER N, et al. Centralized MPC for autonomous intersection crossing [C]. Proc. 19th IEEE International Conference on Intelligent Transportation

Systems (ITSC), [sl: sn], 2016.

[120] JIANG Y, ZANON M, HULT R, et al. Distributed algorithm for optimal vehicle coordination at traffic intersections [J]. IFAC - PapersOnLine, 2017, 50 (1): 11577 - 11582.

[121] KNEISSL M, MOLIN A, ESEN H, et al. A feasible MPC - based negotiation algorithm for automated intersection crossing [C]. Proc. 2018 European Control Conference (ECC), [sl: sn], 2018.

[122] HULT R, ZANON M, GROS S, et al. Primal decomposition of the optimal coordination of vehicles at traffic intersections [C]. Proc. 55th IEEE Conference on Decision and Control (CDC), [sl: sn], 2016.

[123] XU H, ZHANG Y, LI L, et al. Cooperative driving at unsignalized intersections using tree search [J/OL]. arXiv preprint, available at https://arxiv.org/abs/1902.01024v1, 2019.

[124] HULT R, ZANON M, GROS S, et al. Optimization - based coordination of connected, automated vehicles at intersections [R/OL]. unpublished, available at https://research.chalmers.se/publication/509433/file/509433_Fulltext.pdf, 2019.

[125] CAMPOS G R, FALCONE P, SJÖBERG J. Autonomous cooperative driving: A velocity - based negotiation approach for intersection crossing [C]. Proc. 16th IEEE International Conference on Intelligent Transportation Systems (ITSC), [sl: sn], 2013.

[126] CAMPOS G R, FALCONE P, WYMEERSCH H, et al. Cooperative receding horizon conflict resolution at traffic intersections [C]. Proc. 53rd IEEE Conference on Decision and Control (CDC), [sl: sn], 2014.

[127] LI Z, et al. Temporal - spatial dimension extension - based intersection control formulation for connected and autonomous vehicle systems [J]. Transportation Research Part C: Emerging Technologies, 2019, 104: 234 - 248.

[128] DRESNER K, STONE P. A multiagent approach to autonomous intersection management [J]. Journal of Artificial Intelligence Research, 2008 (31): 591 - 656.

[129] QIAN X, GREGOIRE J, FORTELLE A, et al. Decentralized model predictive control for smooth coordination of automated vehicles at intersection [C]. Proc. 2015 European Control Conference (ECC), [sl: sn], 2015.

[130] KIM K D, KUMAR P R. An MPC - based approach to provable system - wide safety and liveness of autonomous ground traffic [J]. IEEE Transactions on Automatic Control, 2014, 59 (12): 3341 - 3356.

[131] MOLINARI F, RAISCH J. Automation of road intersections using consensus - based auction algorithms [C]. Proc. 2018 Annual American Control Conference (ACC), [sl: sn], 2018.

第 2 章 低速非结构化场景中的单一车辆决策与规划方法

作为后续章节的基础，本章将详细介绍单一智能网联汽车在低速非结构化场景中的决策规划方法。在针对单独一辆智能网联汽车进行决策规划时，协同的意义主要体现为"配合"。一种典型情况是场景中还存在其他不受控且优先级更高的智能网联汽车，因此在对一辆智能网联汽车进行决策规划时，其余车辆将被视作沿特定轨迹行驶的移动障碍物。

非结构化的自动驾驶场景主要包括停车场、偏僻道路、野外等。与结构化场景相比，非结构化场景的可行驶区域的走势更加复杂、无规律。早期自动驾驶决策规划技术源自复杂低速场景中的轮式机器人相关方法体系[1]，此时汽车从运动学特性上来讲与前轮可转向的轮式机器人类似，本书按照自动驾驶技术发展历程，首先聚焦于低速非结构化场景。

在阐述单一智能网联汽车的决策规划方法时，虽然决策是规划的前置环节，但决策规划的终极目的是输出行车轨迹，因此我们决定从轨迹规划这一本章"终极目的"入手，首先介绍如何建立车辆轨迹规划命题，随后在介绍规划命题的解法时自然地引入决策的必要性与几种具体实现方法，我们认为这样的顺序安排利于初学者理解整个决策规划体系设置的原委。

2.1 轨迹规划命题的构建

车辆的轨迹规划任务是指在车辆的起始时刻运动状态与终止时刻运动状态之间计算出符合约束条件的行驶轨迹，其中约束条件主要包括车辆内在的运动能力限制以及与外部环境相关的碰撞躲避限制。另一方面，满足上述约束条件的轨迹往往不止一条，应通过某一指标式筛选优质的轨迹作为最终结果[2]。鉴于轨迹规划任务中存在硬性约束条件以及用于寻优的指标式，因此适合采用最优控制问题的形式来描述智能网联汽车的轨迹规划命题[3][4]。

最优控制问题存在多种分类方式，适用于求解车辆运动过程的最优控制问题属于连续 Bolza 型问题[5]，具有以下特征：

1）从状态方程类型来讲，它属于连续控制系统。

2）从性能指标类型来讲，它属于复合型性能指标。
3）从末端条件类型来讲，它属于末端受约束，且末端时刻可以不固定。
4）从系统函数类型来讲，它属于时变非线性系统。

求解连续 Bolza 形式最优控制问题，即求取容许控制变量 $u(t)$ 并确定终止时刻 t_f，使得代价函数

$$J = \Phi(x(0),x(t_f),t_f) + \int_0^{t_f} L(x(t),u(t),t) dt \tag{2.1}$$

沿着相应的状态轨线 $x(t)$ 取得最小值。其中对状态轨线 $x(t)$ 产生制约的因素包括：

系统动态方程约束

$$\frac{dx(t)}{dt} = f(x(t),u(t),t), t \in [0,t_f] \tag{2.2}$$

两点边值约束

$$\varphi(t_f,x(0),x(t_f),u(0),u(t_f)) = 0 \tag{2.3}$$

以及流形约束

$$g(x(t),u(t),t) \leq 0, t \in [0,t_f] \tag{2.4}$$

其中，系统动态方程约束用于描述车辆的运动学/动力学性质，两点边值约束用于提供车辆在起始时刻 $t=0$ 及终止时刻 $t=t_f$ 的运动状态，式（2.4）将控制变量 $u(t)$ 以及状态变量 $x(t)$ 限制在解空间中的某一高维曲面上或曲面所包络的区域内，因此称其为流形约束。以下各小节将结合车辆轨迹规划任务详细阐述连续 Bolza 最优控制问题的各组成部分。

2.1.1 系统动态方程约束

车辆的微观受力过程决定了其宏观行驶行为，但车辆的真实微观受力过程复杂，暂且不提车身悬架的振动受力情况，仅轮胎摩擦力就需复杂偏微分方程组来拟合。为解决自动驾驶决策规划问题而搭建精准的微观物理模型并不实用，主要因为即便对微观物理模型进行相当程度的简化仍旧可以准确描述车辆运动能力。车辆动力学模型包括 17 自由度模型、9 自由度模型以及 2 自由度模型等[6][7]，而在车速不高的工况下，应用 2 自由度模型已能够符合实际需求，因此本书采用 2 自由度模型描述车辆运动，该模型遵循以下几点假设：

1）车辆行驶于平坦路面，忽略车辆在垂直于路面方向上的运动。
2）忽略车轮在行驶中受到的空气阻力以及地面侧向摩擦力。
3）车轮与地面始终保持良好的滚动接触。
4）车辆为刚体，即不考虑车身悬架结构的影响。

2 自由度模型将车辆的两只前轮及两只后轮分别向车体纵轴方向合并为虚拟单轮（图 2.1），通过确定虚拟前轮的转动角速度以及虚拟后轮的线加速度变量，可

以间接确定车辆的前轮转角、行驶速度等，进而实现车辆运动。两只虚拟单轮的存在使得车辆从形态上类似于自行车，因此 2 自由度模型也称作自行车模型，该模型已成为应用最为广泛的轮式车辆运动能力描述方式。

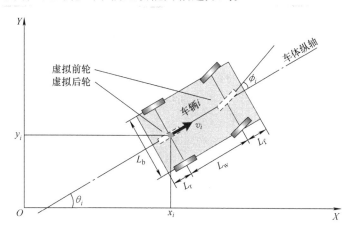

图 2.1 2 自由度车辆运动学模型（自行车模型）

不妨将我们关心的智能网联汽车称为车辆 i。根据自行车模型，车辆 i 在惯性坐标系 XOY 中的运动过程受到以下微分方程组的限制：

$$\frac{\mathrm{d}}{\mathrm{d}t}\begin{bmatrix} x_i(t) \\ y_i(t) \\ \theta_i(t) \\ v_i(t) \\ \phi_i(t) \end{bmatrix} = \begin{bmatrix} v_i(t)\cos\theta_i(t) \\ v_i(t)\sin\theta_i(t) \\ v_i(t)\tan\phi_i(t)/L_\mathrm{w} \\ a_i(t) \\ \omega_i(t) \end{bmatrix} \tag{2.5}$$

式中，$t \in [0, t_\mathrm{f}]$，终止时刻 t_f 可以是常量或变量；$(x_i(t), y_i(t))$ 代表车辆 i 的后轮轴中点坐标（图 2.1）；$v_i(t)$ 及 $a_i(t)$ 分别代表沿车体纵轴方向的速度及加速度，以使车辆前进的方向为正方向；$\phi_i(t)$ 为车辆前轮偏转角，以左转方向为正方向；$\omega_i(t)$ 为前轮偏转角速度，以垂直于 XOY 坐标系向外为正方向；$\theta_i(t)$ 代表车辆在坐标系中的姿态角，即从坐标系 X 轴正方向到车体纵轴正方向的旋转角度，以逆时针转向为正方向。

此外，图 2.1 中还定义了车辆 i 的四个几何尺寸相关参数：L_w 为前后轮轴距，L_f 为车辆前悬距离，L_r 为后悬距离，L_b 为车宽。

将式（2.5）与系统动态方程约束式（2.2）对照可以发现，$x_i(t)$、$y_i(t)$、$\phi_i(t)$、$\theta_i(t)$ 以及 $v_i(t)$ 属于状态变量 $\boldsymbol{x}(t)$，而 $a_i(t)$ 和 $\omega_i(t)$ 属于控制变量 $\boldsymbol{u}(t)$。如果给定车辆 i 在初始时刻的运动状态 $\boldsymbol{x}(0)$ 以及时域 $[0, t_\mathrm{f}]$ 上的 $\boldsymbol{u}(t)$，则可以通过积分逐一确定该时域上的运动状态 $\boldsymbol{x}(t)$，对应着车辆 i 的某一特定运动轨迹。

2.1.2　两点边值约束

在车辆运动的起始时刻 $t=0$，应明确指定车辆所处的运动状态。以车辆 i 为例，则有

$$[v_i(0),\phi_i(0),x_i(0),y_i(0),\theta_i(0)] = [v_{0i},p_{0i},x_{0i},y_{0i},\theta_{0i}] \quad (2.6)$$

式中，$[v_{0i},\phi_{0i},x_{0i},y_{0i},\theta_{0i}]$ 对应着由车载传感器记录的客观运动状态信息。

类似地，在车辆运动的终止时刻 t_f，也需对车辆运动状态进行限制，但终止时刻 t_f 属于未来时刻，相应边值约束可施加得更灵活。除采取式（2.6）形式的显式点约束外，也可采用诸如 $(x_i(t_f)-3)^2+(y_i(t_f)-4)^2<1$ 的隐式约束来要求车辆后轮轴中心点在 $t=t_f$ 时刻处在以坐标 $(3,4)$ 为圆心、1m 为半径的圆形区域以内。在涉及非结构化场景的行驶任务中一般要求车辆最终稳定地停泊在某一指定区域。具体而言，车辆 i 在终止时刻停止可描述为

$$v_i(t_f)=0 \quad (2.7\text{a})$$

而稳定地停止则额外要求

$$a_i(t_f)=0 \quad (2.7\text{b})$$

否则车辆 i 将仅仅在终止时刻 t_f 瞬时速度为 0，但在 $t>t_f$ 之后因为加速度取值非零而存在速度变化趋势，继而重新运动起来。同理，需要限制

$$\omega_i(t_f)=0 \quad (2.7\text{c})$$

如果需要车辆 i 的前轮在终止时刻回正，则应施加约束

$$\phi_i(t_f)=0 \quad (2.7\text{d})$$

此外，终止时刻姿态角 $\theta_i(t_f)$ 需要格外慎重地设置。如果明确要求车辆在终止时刻达到某一既定姿态角 θ_{fi}，一般我们不会将约束简单地建立为 $\theta_i(t_f)=\theta_{fi}$，而是

$$\sin(\theta_i(t_f))=\sin(\theta_{fi})$$
$$\cos(\theta_i(t_f))=\cos(\theta_{fi}) \quad (2.7\text{e})$$

现将这其中的原因阐述如下。由式（2.5）可知，状态变量 $\theta_i(t)$ 可以被微分，因此 $\theta_i(t)$ 一定是连续变量。因此在同样的初始时刻状态下，与 $\theta_i(t_f)=0$ 相比，$\theta_i(t_f)=2\pi$ 意味着车辆在运动时域内要额外按逆时针方向绕行一圈。在充斥着障碍物的复杂场景中，我们一般无法提前预判车辆以何种"转圈"方式抵达终点，因此针对 $\theta_i(t_f)$ 的点约束写成式（2.7e）为宜。2.6 节将通过仿真实验直观呈现式（2.7e）的效果。

与点约束相比，在工程实践中更常见的终止时刻状态约束是要求车辆停泊在某一指定矩形区域内，这样则对 $[x_i(t_f),y_i(t_f),\theta_i(t_f)]$ 同时提出了限制要求。要求整个车体处于矩形区域中，等价于车身四个顶点处在这一矩形区域内。我们首先需定义车身的四个顶点，从车辆 i 的左前轮附近顶点起按顺时针方向将各顶点记为 A_i、B_i、C_i、D_i（图 2.2），由后轮轴中心点 (x_i,y_i) 与各个顶点相对固定的位置关系可得到各顶点坐标[8]：

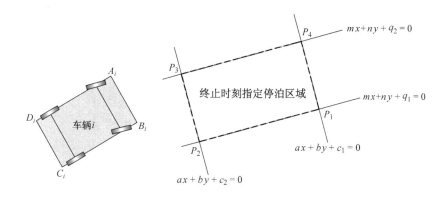

图 2.2　车身顶点及车体在终止时刻位于矩形内的约束条件

$$A_i = (A_{ix}, A_{iy})$$
$$= [x_i + (L_w + L_f)\cos\theta_i - 0.5L_b\sin\theta_i, y_i + (L_w + L_f)\sin\theta_i + 0.5L_b\cos\theta_i] \quad (2.8a)$$
$$B_i = (B_{ix}, B_{iy})$$
$$= [x_i + (L_w + L_f)\cos\theta_i + 0.5L_b\sin\theta_i, y_i + (L_w + L_f)\sin\theta_i - 0.5L_b\cos\theta_i] \quad (2.8b)$$
$$C_i = (C_{ix}, C_{iy}) = (x_i - L_r\cos\theta_i + 0.5L_b\sin\theta_i, y_i - L_r\sin\theta_i - 0.5L_b\cos\theta_i) \quad (2.8c)$$
$$D_i = (D_{ix}, D_{iy}) = (x_i - L_r\cos\theta_i - 0.5L_b\sin\theta_i, y_i - L_r\sin\theta_i + 0.5L_b\cos\theta_i) \quad (2.8d)$$

式中，x_i、y_i、θ_i 状态变量均为时间 t 的函数，此处为表述简洁而省略（t）。在任意时刻 $t \in [0, t_f]$，根据 $x_i(t)$、$y_i(t)$、$\theta_i(t)$ 可经过式（2.8a）~式（2.8d）直接得到车辆 i 矩形轮廓顶点 $A_i(t)$、$B_i(t)$、$C_i(t)$、$D_i(t)$ 的坐标值表达式。第二步，需建立描述点处在矩形内部的一般条件。不妨设终止时刻车辆所在的矩形区域的顶点分别为 P_1、P_2、P_3、P_4，据此可确定矩形区域的四条边所在直线，分别记为 $ax + by + c_1 = 0$、$ax + by + c_2 = 0$、$mx + ny + q_1 = 0$ 和 $mx + ny + q_2 = 0$（图 2.2），它们分别表征了位于四条直线上的点。如果将等号改为不等号即代表某点（x, y）在直线一侧，不等式选取正号或负号代表着点（x, y）处于直线的哪一侧。确定不等式正负号的一种简便方法是选取某一必定处于矩形区域中的先验点 $G = (x_g, y_g)$，将该点分别代入上述四式的等号左侧部分，根据取值正负即可直接确定选择大于号或小于号。以 $ax + by + c_1 = 0$ 为例，如果多项式 $ax_g + by_g + c_1$ 取值为负，则某点（x, y）在矩形区域内部的约束条件应包括 $ax + by + c_1 < 0$；如果多项式 $ax_g + by_g + c_1$ 取值为正，则将系数 a、b、c_1 分别取为各自相反数，随后约束条件仍描述为 $ax + by + c_1 < 0$。先验点 G 宜设置为矩形区域 $P_1P_2P_3P_4$ 的几何中心点。至此，某点 $P = (x, y)$ 处于某一矩形内部的约束条件可以一般性地写为

$$\begin{cases} ax + by + c_1 < 0 \\ -ax - by - c_2 < 0 \\ mx + ny + q_1 < 0 \\ -mx - ny - q_2 < 0 \end{cases} \tag{2.9}$$

为叙述简洁,本书将其写为 PointInrect(P, $P_1P_2P_3P_4$)。在给定矩形区域 $P_1P_2P_3P_4$ 顶点坐标的前提下,可将终止时刻的区域限制约束建立为

$$\text{PointInrect}(\chi, P_1P_2P_3P_4), \chi \in \{A_i(t_f), B_i(t_f), C_i(t_f), D_i(t_f)\} \tag{2.10}$$

由于 $A_i(t_f)$、$B_i(t_f)$ 等顶点由式(2.8)确定,因此式(2.10)实质上属于针对状态变量 $x_i(t_f)$、$y_i(t_f)$ 和 $\theta_i(t_f)$ 的隐式约束。

2.1.3 流形约束

流形约束是指作用于车辆运动过程中(除系统动态方程之外)的约束条件,它们能够将状态/控制变量限制在解空间的某一流形上。以往文献中一般将此约束称为"路径约束",本书中不使用路径约束的提法是为了防止这一名称与车辆行驶路径相互混淆。常见的流形约束包括车辆内在运动能力限制,以及外部环境限制。

车辆内在的机械特性对应着状态/控制变量的容许作用区间,一般包括

$$|\phi_i(t)| \leq \Phi_{\max} \tag{2.11a}$$

$$|a_i(t)| \leq a_{\max} \tag{2.11b}$$

$$|v_i(t)| \leq v_{\max} \tag{2.11c}$$

$$|\omega_i(t)| \leq \Omega_{\max} \tag{2.11d}$$

式中,$t \in [0, t_f]$,$\Phi_{\max}$、$a_{\max}$、$v_{\max}$、$\Omega_{\max}$ 分别为各状态/控制变量的最大幅值。$\Phi_{\max}$ 代表车辆前轮转角 $\phi_i(t)$ 的最大允许偏转角度值;$v_{\max}$ 是车辆在低速场景中的安全行驶速度上限;为保证乘客舒适性,$a_{\max}$ 与 $\Omega_{\max}$ 分别为线加速度、前轮转角速度设置的幅值。

另外,如需加速度变量变化得平缓,则需补充加速度的微分变量 $jerk_i(t) = da_i(t)/dt$ 并对其限幅。

外部环境约束主要体现为车辆在整个运动时域 $[0, t_f]$ 上应避免与环境中的任何静止、运动物体发生碰撞。在本章中,我们仅针对单一车辆 i 进行轨迹规划,场景中静止或运动的其他智能网联汽车或非协作运动物体将均被视作不受控障碍物,因此车辆 i 应躲避所有这些具有碰撞风险的物体。

在建立碰撞躲避约束时,首先应确定障碍物的表达形式。常见的平面障碍物描述方式包括散点集、网格图以及多边形,采用多边形描述障碍物有利于构建解析形式的碰撞躲避约束条件,并且最大程度兼容本书后续章节中的多车协同命题,因此本书中主要采用多边形来描述场景中的障碍物。散点集、网格图等其他格式的障碍物信息可经聚类、最小凸包生成等成熟算法转化为多边形障碍物。需要说明的是,多边形分

为凸多边形与凹多边形,其中凹多边形可进一步分解为若干凸多边形。因此,本小节主要关注如何建立车身矩形与凸多边形障碍物之间的碰撞躲避约束条件。

假设 XOY 坐标系中存在 N_{obs} 个凸多边形障碍物,其中第 j 个障碍物包含NP_j 个顶点 $V_{j1} \sim V_{jNP_j}$。不失一般性地,我们对车辆 i 与障碍物 j 之间的碰撞躲避约束进行建模 ($j=1,\cdots,N_{obs}$)。二维平面上的碰撞一定源于顶点处,这里的顶点可以是车身顶点或凸多边形障碍物的顶点。这意味着如果能够在每一时刻限制车身矩形顶点处于障碍物多边形外部,并且限制多边形障碍物的顶点处在车身矩形外部,则碰撞一定不会发生[9]。由于每时每刻障碍物顶点 $V_{j1} \sim V_{jNP_j}$、车身顶点 $A_i(t) \sim D_i(t)$ 所在位置均可解析表示,至此我们只需一个能够描述"某点处于某一凸多边形外部"的约束建模方法。我们将这一问题抽象出来,专门考虑如何描述点 $P=(x,y)$ 在具有 n 个顶点的凸多边形 $Q_1 \sim Q_n$ 外部。

在计算机图形学领域中有许多方法可检验点与多边形位置关系[10],但是它们均涉及复杂的 if⋯else⋯条件判断。在最优控制问题中使用这种条件建模形式的约束,相当于引入了不连续函数,给基于梯度的 NLP 命题求解过程造成了极大的困难,因此这些方法适用于判断点 P 是否处在多边形 $Q_1 \sim Q_n$ 外部,而不适用于建模。在这一问题上,据本书著者所知,一种适合建模的方案是"三角面积法"[9]:我们将点 P 与凸多边形每两个相邻顶点分别组成三角形,

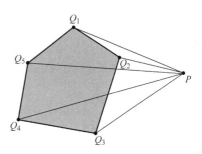

图 2.3 描述点 P 位于凸多边形 $Q_1Q_2Q_3Q_4Q_5$ 外部的三角形面积法

并将这些三角形的面积累加,如果面积之和大于凸多边形,则点 P 处于凸多边形外部,否则点 P 处在多边形的某一边上或凸多边形内部(图 2.3)。这一判据的正确性可通过初等数学知识证明[11]。据此,点 P 处于凸多边形 $Q_1 \sim Q_n$ 外部的约束条件可正式建立为

$$S_{\triangle PQ_nQ_1} + \sum_{k=1}^{n-1} S_{\triangle PQ_kQ_{k+1}} > S_{YQ_1Q_2\cdots Q_n} \tag{2.12}$$

式中,$S_{\triangle}$ 代表相应三角形面积;S_Y 代表凸多边形面积。$S_{\triangle}$ 应通过三角形顶点坐标进行求解,以 $S_{\triangle PQ_kQ_{k+1}}$ 为例,假设 $P=(x,y)$、$Q_k=(x_{Qk},y_{Qk})$、$Q_{k+1}=(x_{Q(k+1)},y_{Q(k+1)})$,则有

$$S_{\triangle PQ_kQ_{k+1}} = \frac{1}{2}|xy_{Qk}+x_{Qk}y_{Q(k+1)}+x_{Q(k+1)}y-xy_{Q(k+1)}-x_{Qk}y-x_{Q(k+1)}y_{Qk}|$$

$$\tag{2.13}$$

常值 $S_{YQ_1Q_2\cdots Q_m}$ 可通过三角分解法离线求解。我们将点 P 处于凸多边形 $Q_1 \sim Q_n$ 外部的一般性约束条件式(2.13)记为 PointOutofPolygon($P,Q_1\cdots Q_n$)。据此可建立第 j 个障碍物 $V_{j1}V_{j2}\cdots V_{jNP_j}$ 与车身矩形 $A_iB_iC_iD_i$ 的碰撞躲避约束条件:

$$\begin{cases} \text{PointOutofPolygon}(\chi, V_{j1} \sim V_{jNP_j}), \chi \in \{A_i(t), \cdots, D_i(t)\} \\ \text{PointOutofPolygon}(\chi, A_i(t) \sim D_i(t)), \chi \in \{V_{j1}, \cdots, V_{jNP_j}\} \end{cases} \quad (2.14a)$$

至此，车辆 i 与所有障碍物之间的完整碰撞躲避约束条件可建立为

$$\begin{cases} \text{PointOutofPolygon}(\chi, V_{j1} \sim V_{jNP_j}), \chi \in \{A_i(t), \cdots, D_i(t)\} \\ \text{PointOutofPolygon}(\chi, A_i(t) \sim D_i(t)), \chi \in \{V_{j1}, \cdots, V_{jNP_j}\} \end{cases}, t \in [0, t_f], j = 1, \cdots, N_{\text{obs}}$$

(2.14b)

为了叙述方便，我们将其简写为

$$\text{VehicleOutofPolygon}(A_i(t)B_i(t)C_i(t)D_i(t), V_{j1} \sim V_{jNP_j}), t \in [0, t_f], j = 1, \cdots, N_{\text{obs}}$$

(2.15)

从式（2.15）不难看出，碰撞躲避约束在目前已建立的众多约束条件之中规模最庞大、复杂程度最高，其中包含大量对三角函数的线性组合求取绝对值并将绝对值项加和的复杂运算，具有强非线性。碰撞躲避约束条件主导了整个轨迹规划命题的难度[12]。

2.1.4 代价函数

在前几小节中介绍了车辆轨迹规划任务中必须严格满足的约束条件，然而满足这些约束条件的轨迹一般会有不止一条，因此还需要设计特定的指标式从众多符合硬性约束条件的待选轨迹中选择令人满意的那一条作为轨迹规划的最终输出结果，我们将这种用于筛选优质轨迹的指标式称为代价函数（cost function）。本小节将介绍几种常见的代价函数多项式，将它们按权重加和即构成一个完整的代价函数。

正如式（2.1）所写的那样，一个完整的代价函数 J 一般由末值型性能指标 $\Phi(x(t_f), u(t_f), t_f)$ 和积分型性能指标 $\int_0^{t_f} L(x(t), u(t), t) dt$ 这两部分组成。末值型性能指标用于描述对终止时刻车辆运动状态的最小化需求，在 t_f 未固定的前提下，一种最简单的末值型性能指标式即

$$J_1 = t_f \quad (2.16)$$

它意味着期待车辆尽早运动至能够符合终止时刻约束的状态上，从而使运动过程尽快结束。

积分型性能指标用于表征在整个时域上对于某指标累积程度的最小化需求，常见的累计指标包括轨迹平滑程度、轨迹远离障碍物程度。轨迹平滑性与前轮转角的变化幅度有关，因此可以设置

$$J_2 = \int_0^{t_f} \omega_i^2(t) dt \quad (2.17a)$$

其相当于汇总了车辆 i 在整个运动时域内因车轮转角变化而消耗的能量，J_2 取值相对较小则车辆轨迹较为平滑。类似的设置还包括

$$J_3 = \int_0^{t_f} a_i^2(t) \, \mathrm{d}t \tag{2.17b}$$

此外，轨迹应尽量远离障碍物。即便在上一小节中我们已经通过约束条件式（2.15）去严格避免碰撞的发生，但是仅仅施加硬约束往往会获得恰好与障碍物不碰撞的临界状态轨迹，感知、控制模块的任何微小误差均可能导致该轨迹发生碰撞风险。因此理想的最优轨迹应考虑适当远离障碍物。假设场景中存在 N_{obs} 个凸多边形障碍物，且每个障碍物的几何中心点为 $G_j = (x_{Gj}, y_{Gj})$，则可设置性能代价多项式

$$J_4 = \sum_{j=1}^{N_{\mathrm{obs}}} \left(\int_0^{t_f} \mathrm{e}^{-\kappa_j d_j^2(t)} \, \mathrm{d}t \right) \tag{2.18}$$

式中，$d_j(t) = \sqrt{(x_i(t) - x_{Gj})^2 + (y_i(t) - y_{Gj})^2}$，概略地描述了车辆 i 与障碍物 j 的距离，系数 $\kappa_j > 0$ 决定了期待车辆远离障碍物 j 的程度。

将上述性能代价多项式加权汇总，则有

$$J = w_1 J_1 + w_2 J_2 + w_3 J_3 + w_4 J_4 \tag{2.19}$$

式中，w_1、w_2、w_3、w_4 为各性能指标对应的权重系数，它们都是不小于 0 的数，相对较大的权重意味着在整个代价函数中对该部分更重视。

2.1.5 最优控制问题完整形式

将以上各小节中介绍的元素汇总起来，则得到面向轨迹规划任务的完整最优控制命题：

$$\begin{aligned}
&\text{最小化式（2.19）} \\
&\text{s. t. } \text{系统动态方程约束式（2.5）} \\
&\qquad \text{两点边值约束式（2.6），式（2.7），式（2.10）} \\
&\qquad \text{流形约束式（2.11），式（2.15）}
\end{aligned} \tag{2.20}$$

最优控制问题式（2.20）完整地描述了单一智能网联汽车 i 在低速非结构化场景中的轨迹规划任务。求解式（2.20），即确定终止时刻 t_f 以及控制变量 $\boldsymbol{u}(t)$，$t \in [0, t_f]$，在满足全部约束条件的前提下，使得代价函数 J 取值最小。

2.2 轨迹规划命题的数值求解

在上一节中，我们通过建立连续 Bolza 型最优控制问题式（2.20）来描述车辆轨迹规划任务。首先需要指出的是，最优控制问题式（2.20）中的代价函数式（2.19）包含不利于统一求解的积分项部分。为此，我们引入新的状态变量将积分型性能指标统一转化为末值型性能指标。具体而言，对于某一复合型性能指标泛函 $J = \Phi(\boldsymbol{x}(t_f), t_f) + \int_0^{t_f} L(\boldsymbol{x}(t), \boldsymbol{u}(t), t) \, \mathrm{d}t$，可引入一个过渡状态变量 $\mathrm{trans}(t)$，并要求其满足以下条件：

$$\frac{\mathrm{dtrans}(t)}{\mathrm{d}t} = L(t), t \in [0, t_\mathrm{f}] \quad (2.21\mathrm{a})$$

$$\mathrm{trans}(0) = 0 \quad (2.21\mathrm{b})$$

由于 $\mathrm{trans}(t) = \int_0^t L(\tau)\mathrm{d}\tau$，因此复合型代价函数 J 可转化为单纯的末值型代价函数 $\Phi(\boldsymbol{x}(t_\mathrm{f}), t_\mathrm{f}) + \mathrm{trans}(t_\mathrm{f})$。在转化后衍生出的微分方程式（2.21a）应补入系统动态方程组（2.5）中，从此充当系统动态特性的一部分，而代数关系式（2.21b）则应补入公式（2.6）中作为边值约束。据此，问题式（2.20）则可进一步抽象为以下标准形式：

$$\begin{aligned}&\min \quad J(\boldsymbol{x}(t_\mathrm{f}), \boldsymbol{u}(t_\mathrm{f})) \\ &\mathrm{s.t.} \quad \frac{\mathrm{d}\boldsymbol{x}(t)}{\mathrm{d}t} = F(\boldsymbol{x}(t), \boldsymbol{u}(t)) \\ &\quad G(\boldsymbol{x}(t), \boldsymbol{u}(t)) \leq 0, t \in [0, t_\mathrm{f}]\end{aligned} \quad (2.22)$$

式中，$\boldsymbol{x}(t)$ 代表被微分的状态变量；$\boldsymbol{u}(t)$ 代表控制变量；J 为仅含有末值型指标式的代价函数；F 代表常微分方程组中的代数函数部分；G 包含了边值约束及流形约束；t_f 代表动态过程的终止时刻，且 t_f 可不固定。求解命题式（2.22）即求解符合约束条件的控制变量 $\boldsymbol{u}(t)$ 以及 t_f，使得代价函数 J 最小化。本节将介绍如何求解命题式（2.22）。

暂且抛开车辆轨迹规划任务背景，适用于求解一般最优控制问题式（2.22）的方法包括间接法、动态规划法和直接法[13][14]。间接法也称解析法，通常利用代价函数 J 取得极小值的必要性条件，并结合充分性条件或命题的实际物理意义间接确定最优解。典型的间接方法包括变分法以及庞特里亚金极值原理。变分法的基本假设是控制变量 $\boldsymbol{u}(t)$ 可以在实数域上自由取值，因此变分法无法解决控制域为闭集的问题；庞特里亚金极值原理能够解决控制域为闭集的问题，但仍旧仅能够确定取到极值的必要条件，无法获得一般最优控制问题的极值。

动态规划法将优化时域 $[0, t_\mathrm{f}]$ 分割为多个子区间，通过确定各子区间上的控制变量序列的组合形式，实现性能指标函数的最优化，该方法中的寻优方式类似于动态规划过程，因此称其为动态规划方法。此类方法因处理约束条件的效率低下，往往只适合小规模问题。

直接法将原始命题式（2.22）中的连续变量部分或全部地离散化，通过求解离散后形成的非线性规划（NonLinear Programming，NLP）命题来直接得到式（2.22）的数值最优解。与间接法相比，直接法无须根据最优性条件间接地确定解，而只需直接求解原命题，该方法因此特点而得名。除在优化领域中称其为直接法以外，控制、自动驾驶等其他领域一般将其称为计算最优控制（Computational Optimal Control）方法[11][15]、数值最优控制（Numerical Optimal Control）方法[4]或简单地称为优化方法[16]。从适用范围来讲，直接法具有其余两类方法不可比拟的优势,因此本书选用直接法求解命题式(2.22)。

2.2.1 全联立离散化

从离散化程度来讲,直接法可进一步细分为部分离散和完全离散两大类。部分离散方法仅对控制变量 $u(t)$ 进行离散化,在求解经离散化形成的 NLP 命题时,每一步优化迭代中均针对当前 $u(t)$ 通过前向模拟生成对应的 $x(t)$。由于在每步迭代中均需要通过模拟获得状态变量 $x(t)$,部分离散方法被称为序贯策略(sequential strategy)。部分离散方法生成的 NLP 命题中的优化变量仅由描述 $u(t)$ 的离散配置点构成,因此 NLP 问题的规模较小,但相应的序贯求解过程具有"模拟+优化"的嵌套结构,在处理复杂约束时效率不高[17]。完全离散方法弥补了部分离散方法的缺陷,通过将 $u(t)$、$x(t)$ 同时离散化,形成了包含原始命题式(2.22)中全部变量离散形式的 NLP 问题。在使用完全离散方法建立的 NLP 问题中,$u(t)$ 与 $x(t)$ 变量虽然相互间存有制约关系,但二者地位相等,即均同时充当决策变量。完全离散方法相当于将部分离散方法中的模拟与优化过程"浑然一体地"同步进行、同时完成,因此这一模式被称作联立策略(simultaneous strategy)。与序贯策略相比,联立策略在求解稳定性方面具有显著的优势,并且在处理大规模 NLP 问题时计算效率高[18]。对 $u(t)$、$x(t)$ 离散形成的大量决策变量同时进行数值优化需要很大的计算机内存开销,因此完全离散方法在计算机内存资源贫瘠的年代并未引起学术界兴趣。近 30 年来,随着计算机硬件工艺、数值优化理论、软件工程等领域协同发展,计算硬件资源已不再是瓶颈[19]。为了将命题式(2.22)转化为容易优化求解的 NLP 问题,本小节将介绍一种完全离散方法——全联立正交配置有限元法。

全联立正交配置有限元法(Orthogonal Collocation Direct Transcription,OCDT)是以正交配置有限元的形式将最优控制问题中的所有状态/控制变量同时离散化、全部视作决策变量而联立求解的一种方法。该方法本质上属于隐式龙格–库塔方法,其求解稳定性好,擅长处理包含复杂隐式流形约束的最优控制问题[20]。在使用全联立正交配置有限元方法时,首先将优化时域 $[0, t_\text{f}]$ 划分为 N_fe 段时长相等的有限元 $[\bar{t}_{i-1}, \bar{t}_i]$:

$$\bar{t}_i - \bar{t}_{i-1} = \frac{t_\text{f}}{N_\text{fe}}, \quad i = 1, \cdots, N_\text{fe}$$
$$\bar{t}_0 = 0$$
$$\bar{t}_{N_\text{fe}} = t_\text{f} \tag{2.23}$$

在有限元 $[\bar{t}_{i-1}, \bar{t}_i]$ 上,采用拉格朗日插值函数形式对各变量予以描述:

$$\begin{cases} \boldsymbol{x}(t) = \sum_{j=0}^{K} l_j(\tau) x_{i,j} \\ \boldsymbol{u}(t) = \sum_{j=1}^{K} \bar{l}_j(\tau) u_{i,j} \end{cases} \quad t = \bar{t}_{i-1} + (\bar{t}_i - \bar{t}_{i-1})\tau, \tau \in [0,1] \quad (2.24a)$$

式中，$l_j(\tau)$ 为微分变量 $\boldsymbol{x}(t)$ 的拉格朗日基函数；$x_{i,j}$ 为微分变量的离散配置点；$\bar{l}_j(\tau)$ 为非微分变量 $\boldsymbol{u}(t)$ 对应的拉格朗日基函数；$u_{i,j}$ 为相应的离散配置点；K 代表分段插值阶次。拉格朗日基函数 $l_j(\tau)$、$\bar{l}_j(\tau)$ 应满足以下关系：

$$l_j(\tau) = \prod_{k=0, k \neq j}^{K} \frac{\tau - \tau_k}{\tau_j - \tau_k}, l_j(\tau_k) = \begin{cases} 1, & k = j \\ 0, & k \neq j \end{cases}$$

$$\bar{l}_j(\tau) = \prod_{k=1, k \neq j}^{K} \frac{\tau - \tau_k}{\tau_j - \tau_k}, \bar{l}_j(\tau_k) = \begin{cases} 1, & k = j \\ 0, & k \neq j \end{cases} \quad (2.24b)$$

式中，参数 $\tau_k \in [0,1]$ 决定了有限元 $[\bar{t}_{i-1}, \bar{t}_i]$ 上配置点相对位置。常见的 τ_k 配置方式包括 Radau 点、Gauss 点及 Legendre 点等，在插值阶次 K 给定条件下均可经过数值计算基本理论离线确定，详情可参阅文献 [20] 或 [21]。另一方面，式（2.24b）能够保障式（2.24a）所描述的各变量在每一配置点位置上的拟合误差为 0，即

$$\begin{aligned} \bar{t}_{i,j} &= \bar{t}_{i-1} + (\bar{t}_i - \bar{t}_{i-1})\tau_j \\ \boldsymbol{x}(\bar{t}_{i,j}) &= x_{i,j} \\ \boldsymbol{u}(\bar{t}_{i,j}) &= u_{i,j} \end{aligned} \quad (2.25)$$

这一良好性质使得 NLP 问题的建立过程非常直观：例如约束条件 $\boldsymbol{x}(t) \geq 0$ 经过离散化将简单地表述为 $x_{i,j} \geq 0 (i=1,\cdots,N_{fe}, j=0,\cdots,K)$，而采用非拉格朗日形式的基函数则未必有此性质。此外，由于可微分变量一定连续，因此有必要补充以下连接方程来确保状态变量 $z(t)$ 在每一个有限元边界上保持连续性（图 2.4）：

$$x_{i+1,0} = x_{i,K} = \sum_{j=0}^{K} l_j(1) x_{i,j}, i = 1, \cdots, N_{fe} - 1 \quad (2.26)$$

将式（2.23）~ 式（2.26）代入式（2.22）中，则得到以下完全离散形式的 NLP 问题：

$$\text{最小化 } J(t_f)$$

$$\text{s.t.} \sum_{k=0}^{K} \left(\frac{d\left(\prod_{m=0, m \neq j}^{K} \frac{\tau - \tau_m}{\tau_j - \tau_m}\right)}{d\tau} \Bigg|_{\tau = \tau_j} \right) x_{i,k} = (\bar{t}_i - \bar{t}_{i-1}) F(x_{i,j}, u_{i,j})$$

$$G(x_{i,j}, u_{i,j}) \leq 0$$

$$\bar{t}_i - \bar{t}_{i-1} = \frac{t_f}{N_{fe}}, \bar{t}_0 = 0, \bar{t}_{N_{fe}} = t_f$$

$$i = 1, \cdots, N_{fe}, j = 0, \cdots, K \quad (2.27)$$

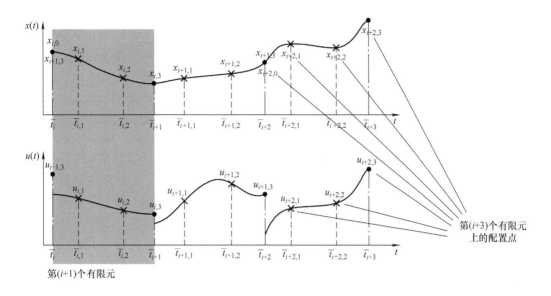

图 2.4 OCDT 方法中的有限元及配置点（以 $K=3$ 情况为例）

此时，求解该 NLP 问题，即求解各有限元上的配置点 $x_{i,j}$、$u_{i,j}$、t_f，使得代价函数 J 取得极小值。

2.2.2 非线性规划

NLP 问题的求解方法分为梯度优化以及非梯度优化两类。非梯度优化方法不借助函数的任何导数信息，进一步细分为古典直接搜索算法和现代智能优化算法，一般无法精细地处理含有复杂隐式约束条件的 NLP 问题。本小节主要介绍梯度优化方法。

梯度优化方法利用 NLP 问题式（2.27）中函数 J、F、G 的导数信息确定搜索的方向及步长。梯度优化方法按照处理约束条件的方式可进一步细分为有效集方法（active set method）以及障碍函数法（barrier function method）。在有效集法中，如果某一解向量 χ 使得某一约束条件 $g \leq 0$ 取得等号（即 $g(\chi)=0$），此时则称 $g \leq 0$ 为有效约束。因此，如果能够先验地知道在最优解处哪些不等式约束有效，则可以将其余不等式约束条件剔除，降低求解难度。如何通过不断检验来推测最优解处的有效约束是有效集法的主要工作，在迭代优化的过程中需对各种不等式约束的有效性不断进行判断，并不断更新由有效约束构成的集合，直到在恰当的有效约束设置下求得 NLP 问题的最优解为止[22]。障碍函数法将 NLP 问题式（2.27）中的不等式约束条件作为惩罚项补入目标函数中，并在不同的惩罚因子条件下进行牛顿迭代，直到惩罚因子收敛到 0^+ 的某一充分小邻域并且对应 NLP 子问题成功求解为止[20]。

有效集法一般不会同时考虑全部约束条件，因此在迭代过程中占用内存资源小，擅长处理初始解质量较高的简单问题（初始解的概念在 2.2.3 小节中详细介绍）。相比之下，障碍函数法始终考虑全部约束条件，适合处理包含大规模、复杂约束条件的 NLP 问题。面向轨迹规划任务的 NLP 问题具有以下特点：①以碰撞躲避约束为代表的流形约束条件体现强非线性，并且经过离散化处理后以庞大的规模存在于 NLP 问题中；②经过完全离散化，NLP 问题中包含全部控制/状态变量的离散形式优化变量，但相互之间并不独立，而是存有复杂制约关系，导致 NLP 问题的优化变量较多但自由度相对较小。从工程实践角度讲，在无法先验地保障初始解最优性且大规模 NLP 计算不存在硬件资源匮乏阻碍的情况下，选用障碍函数法更为稳妥。序贯二次规划（Sequential Quadratic Programming，SQP）[23]是目前最常用的有效集方法，而内点算法（Interior Point Method，IPM）[24]是典型的障碍函数方法。以下将扼要地介绍 IPM 方法，对于 IPM 算法机理不甚关心的读者可跳至下一小节继续阅读。

IPM 的核心思想是将 NLP 问题中的不等式约束条件转化为惩罚项，在将其乘以相应障碍因子后补入目标函数中，从而将原 NLP 问题变为至多只包含等式约束的新问题。至此求解原始 NLP 问题转变为求解一系列障碍因子取值不同的子问题。随着障碍因子趋向于零，子问题中的惩罚项逐渐精准地体现原始不等式约束，因而子问题的最优解也逐步趋于原 NLP 问题的最优解。具体而言，IPM 将我们在上文中建立的 NLP 命题式（2.27）精炼为

$$\begin{aligned}&\min\ J(\chi)\\&\text{s. t.}\quad g(\chi)<0\\&\qquad h(\chi)=0\end{aligned} \quad (2.28)$$

式中，χ 代表决策变量。通过引入松弛矢量 $s>0$，可将式（2.28）中的不等式约束 g 转化为等式约束，即

$$\begin{aligned}&\min\ J(\chi,s)\\&\text{s. t.}\quad g(\chi)+s=0\\&\qquad h(\chi)=0\\&\qquad s>0\end{aligned} \quad (2.29)$$

此时，如果我们将命题式（2.29）中唯一的不等式约束条件 $s>0$ 作为障碍项补入代价函数 J，则可以构造仅包含等式约束的标准形式：

$$\begin{aligned}&\min\ \varphi_\mu(\chi,s)=J(\chi)-\mu_{\text{IPM}}\ln(s)\\&\text{s. t.}\quad g(\chi)+s=0\\&\qquad h(\chi)=0\end{aligned} \quad (2.30)$$

式中，$\varphi_\mu(\chi,s)$ 代表了包含障碍项的代价函数；$\mu_{\text{IPM}}>0$ 为障碍因子，μ_{IPM} 取值趋于 0^+ 则通过内罚函数 $\mu_{\text{IPM}}\ln(s)$ 描述不等式 $s>0$ 的精准程度越高。IPM 算法求解命题式（2.28）的过程，实质上是求解 μ_{IPM} 取值趋于 0^+ 所对应的一系列子问题式

(2.30)，随着 μ_{IPM} 趋于 0^+ 则子问题的极值将趋于原命题式（2.28）的极值。在某一特定的障碍因子 μ_{IPM} 条件下求解仅包含等式约束子问题式（2.30）的过程涉及牛顿迭代，详情见文献 [24]。由以上分析可知 IPM 算法的寻优方式为双层嵌套计算：在外层更新 μ_{IPM}，在内层迭代求解 μ_{IPM} 对应的子问题式（2.30）。IPM 算法之所以要去除 NLP 命题式（2.28）中的不等式约束 g，是因为仅含有等式约束的 NLP 问题的 Karush – Kuhn – Tucker（KKT）条件简洁，可由成熟的牛顿迭代类方法求解之。

2.2.3 非线性规划的初始化

NLP 问题的优化求解过程可以比作在迷宫中寻觅出口的行为，迷宫中可通行区域对应着 NLP 问题解空间上的可行域，迷宫中的围墙对应着 NLP 问题中由约束条件形成的不可行域，行人在迷宫中行走则对应 NLP 求解器沿某一方向和步长搜索寻优，迷宫出口对应着 NLP 问题的极小值，迷宫出口往往不止一个。基于上述比喻则不难理解，行人在迷宫中的初始位置直接决定了其脱离迷宫的难易程度，如果行人的起始位置位于迷宫的某一出口附近，则行人能够迅速脱离迷宫，反之亦反。进一步地，行人的起始位置不同，则完全可能由不同的出口逃离迷宫，但不同出口处的奖励程度不同，如果行人的起始位置位于 A 点，则不存在获得出口 1 高额奖励的机会（如图 2.5 所示）。总之，行人的起始位置是其脱离迷宫的速度快慢、收益高低的关键因素。

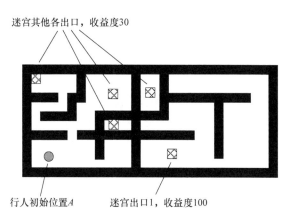

图 2.5　将 NLP 问题求解过程比作行人在迷宫中寻找出口

行人起始位置这一概念对应着 NLP 优化任务中的初始解（initial guess）或称起始解（starting point），生成初始解的过程称为初始化（initialization）或热启动（warm start）。初始解对 NLP 收敛的成败、收敛的速率以及收敛到具体哪一个局部最优解具有决定性的影响[25]。文献 [26] 提供了这样一则算例：在求解单变量、单约束、代价函数为常值的简单 NLP 问题 $\arctan(x) = 0$ 时，若将初始解 $x^{(0)}$ 取在

$|x^{(0)}|<1.392$ 范围内,则牛顿梯度优化将最终收敛至极值 $x^*=0$;相反,若将初始解设置在 $|x^{(0)}|\geqslant 1.392$,则迭代过程将随着迭代发散至无穷远而永不收敛。在自动驾驶轨迹规划具体任务中,NLP 问题的初始化是 NLP 求解的重要前置环节,我们将优质初始解的估算任务定义为轨迹决策,将在 2.4 节中系统性地介绍。至此,本节已完整地介绍了如何数值求解面向轨迹规划任务的最优控制命题式(2.20)。下一节我们将介绍该数值求解方案的一种具体实现方式。

2.3 AMPL 数值优化平台的应用

AMPL,即 A Mathematical Programming Language,是一种用于描述数学规划模型的建模语言,AMPL 语言能够实现对各种类型、各种复杂程度的数学规划命题的科学、统一、直观叙述,从而使用户迅速掌握并立即搭建可读性极强的数学规划问题模型[27]。

AMPL 平台以 AMPL 语言为基础,是建立各种类型数学规划问题并进行数值求解的通用平台。AMPL 针对主流数学规划求解工具(如 CPLEX、Gurobi、IPOPT、MINOS 以及 SNOPT 等)实现了插件化支持。AMPL 具备高效率的自动微分(automatic defferentiation)功能,这是保障梯度优化精度的重要基础。AMPL 可以在 Windows、Linux 等操作系统环境中使用,并且其成熟的 API 接口支持与 C++、C#、Java、Matlab 以及 Python 等主流编译环境通信。此外,AMPL 平台还支持数据分析功能,能够对数学规划求解结果实现指令化操作。总之,AMPL 平台实现了数学规划问题从建立、求解到分析、维护的完整生态闭环。

2.3.1 AMPL 的下载与安装

AMPL 是付费的商业软件,功能部分受限的 AMPL 可免费下载使用,具备完整功能的试用版 AMPL 可经申请、激活后在 30 天内免费使用。

首先应访问 https://ampl.com/try-ampl/download-a-free-demo/ 链接,根据用户当前操作系统环境下载相应的安装包。以 Windows 操作系统环境为例,我们选择以命令行方式运行 AMPL(即选择 AMPL Command Line download for Windows),根据计算机操作系统的位数下载名为 ampl.mswin32.zip 或 ampl.mswin64.zip 的压缩包。Linux、macOS 等其他环境的安装方法与此相似,操作流程在上述链接中亦有详细说明。将下载后的 zip 格式压缩包在本地解压缩后即完成了 AMPL 的安装,此时未激活的 AMPL 支持针对具有至多 500 个决策变量、至多 300 个约束条件的数学规划问题永久免费求解。

为使用数学规划问题规模不受限制的完整功能 AMPL,除购买正式版外,也可访问官方链接 https://ampl.com/try-ampl/request-a-full-trial/ 或 https://ampl.com/products/ampl/ampl-for-students/ 申请试用时限为 30 天的完整版 AM-

PL。按照页面指引,首先需下载名为 fingerprint. mswin. zip 的压缩包并执行其中 fingerprint. exe 文件来提取本地计算机的指纹信息,随后将其连同用户的邮箱地址、AMPL使用计划等基本信息填写在试用申请表单中提交。在 1~2 个工作日内,用户将通过预留邮件地址收到 AMPL 官方提供的与本地计算机对应的正版 AMPL 使用密钥。将得到的专属密钥文件 ampl. lic 复制至本地 AMPL 文件夹中覆盖同名文件后,具有完整功能的 AMPL 平台的安装与激活即全部完成。

此外,我们还需在 AMPL 平台中安装一种能够实现 IPM 算法的开源求解器——IPOPT[24]。访问官方网站链接 https://ampl.com/products/solvers/open-source/并在其中选择名为 ipopt-win32. zip 或 ipopt-win64. zip 的压缩包下载,将解压后的文件全部移动到 AMPL 安装目录内即可完成对 IPOPT 工具的安装。

2.3.2 AMPL 的基本运行方式

使用 AMPL 求解数学规划命题的运行步骤包括导入数学规划问题及初始解、调用求解器求解、导出求解结果。AMPL 要求数学规划问题模型记录在以 . mod 为扩展名的文件中,初始解保存在以 . INIVAL 为扩展名的文件中。以上 2 个文件的书写格式将在后继小节中介绍,本小节聚焦于如何在备齐模型、初始解以及求解器的情况下在 AMPL 平台中实现求解。

我们以 Windows 操作系统环境为例进行介绍。在已安装好的 AMPL 文件夹中双击 ampl. exe 文件启动终端窗口,此时 AMPL 平台开始工作。假设模型文件为 planning. mod,初始解文件为 init_guess. INIVAL,求解器为 IPOPT,通过在终端窗口中简单地键入几行指令即可完成整个命题的求解。

第一步,我们来指定待求解的数学规划问题模型,实现方法是在 AMPL 终端界面输入以下指令并按下 Enter 键(图 2.6)。

model planning. mod;

图 2.6 AMPL 运行界面及指令输入

第二步需指定该问题的初始解,实现方式是输入以下指令并按下 Enter 键。

include init_guess. INIVAL

第三步是指定求解该问题的求解器——IPOPT:

option solver ipopt

需注意，如跳过此步骤则 AMPL 会按照数学规划问题的实际类型从当前可用求解器中自行选择一种。此外，在使用 IPOPT 的前提下，可进一步设置算法参数，例如 options ipopt_options " max_iter = 100 tol = 1e - 3"；表示将 IPOPT 最大迭代次数设置为 100、将约束条件违背的容限设置为 10^{-3}。IPOPT 的完整参数列表在 https：//coin - or. github. io/Ipopt/OPTIONS. html 给出。

第四步则开始求解数学规划问题：

$$\text{solve}$$

在按下 Enter 键后，IPOPT 将被调用，期间终端界面会滚动显示迭代中间过程信息，直至求解完成为止。

在求解完成后，可输出优化结果，不妨假设决策变量包括 tf，则可以通过以下指令将 tf 变量最优值在屏幕上显示出来：

$$\text{display tf}$$

至此，基于 AMPL 的数学规划问题完整求解过程结束。以下几个小节中将具体介绍模型、数据以及初始解文件的书写方法。

2.3.3　AMPL 的模型文件

使用 AMPL 语言编写的模型文件以 mod 为扩展名，存储着数学规划命题的全部信息。一个完整的模型文件包括变量、目标函数、约束条件、集合以及参数这五类元素。为直观叙述模型及数据文件的书写过程，现建立一个简单的轨迹规划命题，包括约束条件

$$\frac{d}{dt}\begin{bmatrix} x_i(t) \\ y_i(t) \\ \theta_i(t) \\ v_i(t) \\ \phi_i(t) \end{bmatrix} = \begin{bmatrix} v_i(t)\cos\theta_i(t) \\ v_i(t)\sin\theta_i(t) \\ v_i(t)\tan\phi_i(t)/L_w \\ a_i(t) \\ \omega_i(t) \end{bmatrix}, t \in [0, t_f] \tag{2.31a}$$

$$\begin{aligned} |\phi_i(t)| &\leq \Phi_{\max} \\ |a_i(t)| &\leq a_{\max} \\ |v_i(t)| &\leq v_{\max} \\ |\omega_i(t)| &\leq \Omega_{\max} \end{aligned} \quad t \in [0, t_f] \tag{2.31b}$$

$$\begin{bmatrix} v_i(0) \\ \phi_i(0) \\ x_i(0) \\ y_i(0) \\ \theta_i(0) \end{bmatrix} = \begin{bmatrix} 0.1 \\ -0.08 \\ 1.03 \\ 2.41 \\ -0.03 \end{bmatrix}, \begin{bmatrix} a_i(t_f) \\ \omega_i(t_f) \\ v_i(t_f) \\ \phi_i(t_f) \\ x_i(t_f) \\ y_i(t_f) \\ \theta_i(t_f) \end{bmatrix} = \begin{bmatrix} 0.0 \\ 0.0 \\ 0.0 \\ 0.0 \\ 5.31 \\ 2.41 \\ -3.1416 \end{bmatrix} \tag{2.31c}$$

$$t_f \geq 0 \tag{2.31d}$$

以及最小化代价函数

$$J = 10t_f + \int_0^{t_f} \omega_i^2(t) \, dt \tag{2.31e}$$

其中涉及的车辆参数可设置如下：

$$\begin{bmatrix} L_w \\ \Phi_{max} \\ a_{max} \\ v_{max} \\ \Omega_{max} \end{bmatrix} = \begin{bmatrix} 2.8 \\ 0.72 \\ 0.3 \\ 2.0 \\ 0.54 \end{bmatrix} \tag{2.31f}$$

在将轨迹规划命题式（2.31）基于 OCDT 方法转化为 NLP 问题时，我们将有限元个数 N_{fe} 设置为 10，每一有限元上选用 $K=3$ 阶 Radau 配置点，即 $\tau_0 = 0$、$\tau_1 = 0.1551$、$\tau_2 = 0.6450$ 以及 $\tau_3 = 1$。

以下将对命题式（2.31）对应的 NLP 问题进行模型及数据文件书写。首先我们将时间连续决策变量 $x_i(t)$、$y_i(t)$、$\theta_i(t)$、$v_i(t)$、$\phi_i(t)$、$a_i(t)$、$\omega_i(t)$、t_f 的离散形式定义为 NLP 问题中的决策变量：

```
param Nfe : = 10;
param K_radau : = 3;
set I : = {1..Nfe};
set J : = {1..K_radau};
set K : = {0..K_radau};
var x{i in I, j in K};
var y{i in I, j in K};
var theta{i in I, j in K};
var v{i in I, j in K};
var phy{i in I, j in K};
var a{i in I, j in J};
var w{i in I, j in J};
var tf > = 0;
```

通过观察不难发现以下规律，AMPL 语言中将参数类型的对象定义为 param，将集合定义为 set，将变量定义为 var；在声明一个对象时可直接使用：= 对其赋值；set I : = {1..Nfe} 代表了一个命名为 I 且存储着从 1 到 N_{fe} 各整数的一维集合；var x{i in I, j in K} 代表了一个名为 x 的二维向量变量，其第一维度下标取遍集合 I，第二维度下标取遍集合 K，i 与 j 在这里没有实际含义，可替换为任何其他字母；在声明变量时支持对其简单边界顺便予以描述，var tf > = 0 对应着（2.31d）；每一条 AMPL 语句均以半角符号";"结尾。

下一步，我们来书写微分方程组的离散化形式。值得注意的是，在对微分方程进行离散化时，公式（2.27）中所包含因式 $\left.\dfrac{\mathrm{d}\left(\prod_{m=0, m \neq j}^{K} \dfrac{\tau-\tau_m}{\tau_j-\tau_m}\right)}{\mathrm{d}\tau}\right|_{\tau=\tau_j}$ 可以离线提前求解，从而避免命题求解中的不必要的计算，我们将其保存在一个二维参数向量 dljtauk 中，连同 Radau 配置点参数可书写为

param dljtauk{j in K, k in K};
param：dljtauk ：=
0　0　-9.0000
0　1　-4.1394
0　2　1.7394
0　3　-3
1　0　10.0488
1　1　3.2247
1　2　-3.5678
1　3　5.5320
2　0　-1.3821
2　1　1.1678
2　2　0.7753
2　3　-7.5320
3　0　0.3333
3　1　-0.2532
3　2　1.0532
3　3　5.0000；
param tau{j in K};
param：tau ：=
0　0
1　0.1550510257216822
2　0.6449489742783178
3　1.0；
据此，微分方程组（2.31a）的主体部分可书写为以下等式语句：
param L_wheelbase ：= 2.8；
var hi = tf/Nfe;
s.t. DIFF_dxdt {i in I, k in J}：
sum{j in K}(dljtauk[j,k] * x[i,j]) = hi * v[i,k] * cos(theta[i,k]);
s.t. DIFF_dydt {i in I, k in J}：

sum{j in K}(dljtauk[j,k] * y[i,j]) = hi * v[i,k] * sin(theta[i,k]);

s. t. DIFF_dtdt {i in I, k in J}:

sum{j in K}(dljtauk[j,k] * theta[i,j]) = hi * tan(phy[i,k]) * v[i,k] / L_wheelbase;

s. t. DIFF_dvdt {i in I, k in J}:

sum{j in K}(dljtauk[j,k] * v[i,j]) = hi * a[i,k];

s. t. DIFF_dpdt {i in I, k in J}:

sum{j in K}(dljtauk[j,k] * phy[i,j]) = hi * w[i,k];

AMPL 要求约束条件以 s. t. 或者 subject to 开始，在约束句柄名称及约束作用范围后以半角符号"："结束，随后换行并开始书写相应的约束条件，以半角符号"；"结束；sum {j in K}（…）代表将括号内的部分按照 j 下标执行加和操作，j 下标取遍集合，类似的还有即将出现的累乘操作 prod。除此之外，各状态变量应该在有限元边界处满足连续性条件式（2.26），因此我们需补充以下语句：

set I1 : = {1.. Nfe – 1};

s. t. EQ_diffx {i in I1}:

x[i + 1,0] = sum{j in K}((prod{k in K:k < >j}((1 – tau[k])/(tau[j] – tau[k]))) * x[i,j]);

s. t. EQ_diffy {i in I1}:

y[i + 1,0] = sum{j in K}((prod{k in K:k < >j}((1 – tau[k])/(tau[j] – tau[k]))) * y[i,j]);

s. t. EQ_difftheta {i in I1}:

theta[i + 1,0] = sum{j in K}((prod{k in K:k < >j}((1 – tau[k])/(tau[j] – tau[k]))) * theta[i,j]);

s. t. EQ_diffv {i in I1}:

v[i + 1,0] = sum{j in K}((prod{k in K:k < >j}((1 – tau[k])/(tau[j] – tau[k]))) * v[i,j]);

s. t. EQ_diffphy {i in I1}:

phy[i + 1,0] = sum{j in K}((prod{k in K:k < >j}((1 – tau[k])/(tau[j] – tau[k]))) * phy[i,j]);

至此完成了微分方程组（2.31a）部分模型。流形约束式（2.31b）、式（2.31e）可写为：

param a_max : = 0.3;

param v_max : = 2.0;

param phy_max : = 0.72;

param w_max : = 0.54;

s. t. Bonds_v {i in I,j in K}:

$-v\_max <= v[i,j] <= v\_max$;

s. t. Bonds_phy {i in I, j in K}:

$-phy\_max <= phy[i,j] <= phy\_max$;

s. t. Bonds_a {i in I, j in J}:

$-a\_max <= a[i,j] <= a\_max$;

s. t. Bonds_w {i in I, j in J}:

$-w\_max <= w[i,j] <= w\_max$;

起始、终止时刻的边值约束式（2.31c）可写为：

s. t. EQ_init_x:

x[1,0] = 1.03;

s. t. EQ_init_y:

y[1,0] = 2.41;

s. t. EQ_init_theta:

theta[1,0] = -0.03;

s. t. EQ_init_v:

v[1,0] = 0.1;

s. t. EQ_init_phy:

phy[1,0] = -0.08;

s. t. EQ_terminal_x:

x[Nfe, K_radau] = 5.31;

s. t. EQ_terminal_y:

y[Nfe, K_radau] = 2.41;

s. t. EQ_terminal_theta:

theta[Nfe, K_radau] = -3.1416;

s. t. EQ_terminal_v:

v[Nfe, K_radau] = 0.0;

s. t. EQ_terminal_phy:

phy[Nfe, K_radau] = 0.0;

s. t. EQ_terminal_a:

a[Nfe, K_radau] = 0.0;

s. t. EQ_terminal_w:

w[Nfe, K_radau] = 0.0;

最后，代价函数可写为

minimize cost_function:

10 * tf + sum{i in I, j in J}(w[i,j]^2);

将以上语句按顺序逐行记录在 planning.mod 文件中即实现了在 AMPL 环境中描

述一个简单的轨迹规划命题式（2.31）。

2.3.4 AMPL 的初始解文件

使用 AMPL 语言编写的初始解文件以 INIVAL 为扩展名，保存着数学规划问题中决策变量的初始解，这些初始解将在调用求解器时用于确定迭代优化的初始解向量。需要说明的是，初始解文件并不是所有数学规划问题的必需部分，例如在使用 AMPL + IPOPT 求解诸如线性规划（Linear Programming, LP）或二次规划（Quadratic Programming, QP）等约束条件简单的问题时，即便不指定初始解，迭代优化过程仍可能从解空间可行域边界处开始。但是，在更一般的非线性规划问题中，如用户未提供决策变量的初始解，AMPL 会将各决策变量的初始解默认设置为 0，这意味着初始解被设置为零向量。使用零向量来启动优化过程具有盲目性，在求解面向轨迹规划任务的 NLP 问题时一般需要提供初始解。

初始解赋值操作通过 AMPL 语言中的 let 指令实现，以命题式（2.31）中的决策变量 t_f 为例，如需将初始解设置为 20.0 则应书写

let tf: = 20.0;

高维变量的初始化方式与之类似，例如

let x［7, 1］: = 4.161;

因此一份完整的初始解文件应针对所有决策变量的所有分量逐一赋初值。初始解如何确定的问题将在 2.4 节继续深入讨论。

2.3.5 AMPL 与 Matlab 联合仿真平台

以上几小节介绍了如何利用 AMPL 语言书写一个面向轨迹规划任务的 NLP 问题，并在 AMPL 环境中通过命令行操作调用 IPOPT 求解这个 NLP 问题。为了可视化地显示优化结果，可利用 AMPL 中的 printf 指令将感兴趣的决策变量写在数据文件中，继而在其他编程环境中进一步处理，例如在文本文件 x.txt 中写入 x［7, 2］变量数值的语句为

printf "％5.3f; ", x[7,2] > > ("x.txt");

从指定模型文件到导出优化结果需要在 AMPL 终端窗口输入大量指令，为了批量完成整个功能，可将指令逐行列写在一个以 run 为扩展名的批处理文件中。例如我们可创建一个名为 simple_case.run 的批处理文件，其内容为

reset;
model planning.mod;
include init_guess.INIVAL;
option solver ipopt;
solve;
shell ("del" & ("tf.txt"));

```
shell ("del " & ("x.txt"));
shell ("del " & ("y.txt"));
for {i in I} {
    for {j in K} {
        printf "%5.3f; ", x[i,j] > > ("x.txt");
        printf "%5.3f; ", y[i,j] > > ("y.txt");
    }
}
printf "%5.3f; ", tf > > ("tf.txt");
close ("tf.txt");
close ("x.txt");
close ("y.txt");
```

通过在 AMPL 终端输入 include simple_case.run；或者在 Matlab 中输入！ampl simple_case.run（需要将 AMPL 目录设置为 Matlab 当前工作目录）即可一次性完成整个建模、求解、输出的过程。随后，我们可以将生成的数据文件 x.txt、y.txt 以及 tf.txt 导入 Matlab，并按照公式（2.24）对优化后的配置点进行重采样，在 Matlab 中绘制的高精度优化轨迹参见图 2.7。为方便读者迅速上手体验轨迹规划的基本过程，我们提供了在 Matlab 环境中求解上述算例的完整源代码：https://github.com/libai2020/First_Try_of_AMPL。

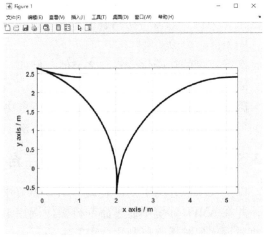

图 2.7　轨迹规划命题式（2.31）数值优化结果在 Matlab 中的可视化呈现

在自动驾驶工程实践中，我们往往需要以较高频率不断求解轨迹规划问题，如果对每一轨迹规划命题都单独建立模型文件，则涉及频繁的硬盘读写操作，这样不仅效率低下，也会加速硬件磨损。对此，一种理想的解决方案是将 NLP 问题模型中的共性部分固定，将模型参数、初始解等随着问题不同而变化的部分通过内存传递至 AMPL 中，并将优化结果通过内存向外传递。我们以 Matlab 编程环境为例，简要介绍 AMPL 与外部环境交换信息的 API 接口用法。首先，应从 https：//ampl.com/products/api/下载与当前操作系统匹配的 API 压缩包，将解压缩后的 amplapi 文件夹移动到 AMPL 安装目录中。随后，在 https：//ampl.com/api/latest/matlab/getting-started.html 提示下向 Matlab 的搜索路径添加 amplapi 中的子文件夹，至此则 API 安装完成。以下 Matlab 脚本代码能够利用 AMPL 的 API 接口在 Matlab 环境中直接建立模型、传递初始解、实现求解并分析优化结果，读者可据此迅速掌握 API 的基本用法。

```
% 添加 AMPL API 路径
addpath(genpath('amplapi'));
setupOnce;
% 轨迹规划任务相关参数设置
param.K = 3;
param.Nfe = 10;
param.L_wheelbase = 2.8;
param.a_max = 0.3;
param.v_max = 2.0;
param.phy_max = 0.72;
param.w_max = 0.54;
% 声明一个 ampl API 对象
ampl = AMPL;
% 设置 NLP 问题中的参数
ampl.eval(['param Nfe : = ',num2str(param.Nfe),';']);
ampl.eval(['param L_wheelbase : = ',num2str(param.L_wheelbase),';']);
ampl.eval(['param a_max : = ',num2str(param.a_max),';']);
ampl.eval(['param v_max : = ',num2str(param.v_max),';']);
ampl.eval(['param phy_max : = ',num2str(param.phy_max),';']);
ampl.eval(['param w_max : = ',num2str(param.w_max),';']);
% 从文件中添加 NLP 模型非可变部分
ampl.read('planning.mod');
% 初始化（注：此处只是介绍初始化赋值语句写法，实际初始化方法将在 2.4 节介绍）
% 以 x 变量为例，将其中元素设置为 0.01 * (1 + 行数 + 列数)
x = ampl.getVariable('x');
for ii = 1 : param.Nfe
    for jj = 0 : param.K
        instance = x.get(ii,jj);
        instance.setValue(0.01 * (1 + ii + jj));
    end
end
% 指定数学规划问题求解器为 IPOPT
```

```
ampl.setOption('solver','ipopt');
% 开始求解 NLP 问题
ampl.solve;
% 在完成求解后导出优化得到的决策变量 x、y 等
x = ampl.getVariable('x');
y = ampl.getVariable('y');
tf = ampl.getVariable('tf');
optimized_x = [];
optimized_y = [];
optimized_tf = tf.get().value;
for ii = 1 : param.Nfe
    for jj = 0 : param.K
        optimized_x = [optimized_x, x.get(ii,jj).value];
        optimized_y = [optimized_y, y.get(ii,jj).value];
    end
end
% 导出代价函数的优化值,并打印在屏幕上
cost_val = ampl.getObjective('cost_function'); % 需要与 mod 中句柄名称一致
fprintf('Cost function value = %f\n', cost_val.value);
% 切记最后要关闭 AMPL 对象,否则会持续占据内存资源
ampl.close;
```

导出优化配置点连同绘制优化轨迹的完整源代码可在 https://github.com/libai2020/AMPL_API_with_Matlab 下载。除 Matlab 外, AMPL 的 API 接口目前还支持 C++、C#、Java、Python 以及 R 这五种编程环境, 用法参见 https://ampl.com/products/api/。

2.4 轨迹决策的生成

2.4.1 同伦轨线与轨迹决策

2.2.3 小节曾提到, 初始解对最优控制问题的数值求解过程及结果有着深刻影响, 那么初始解具体如何影响轨迹规划问题的求解呢？本小节将讨论这一专题。

在图 2.8 所示的轨迹规划任务中, A、B 分别代表车辆运动的起点、终点, 灰色多边形代表障碍物。如果我们提供轨线 1~2 中的任意一条作为数值求解该轨迹规划任务的初始解, 则使用梯度优化算法求解相应 NLP 问题后, 均会收敛至图中轨迹 a。然而除轨迹 a 之外, 整个非凸解空间中一般还可能存在其他局部最优解。

在图 2.8 所示的算例中，如果将轨线 3~4 中的任意一条指定为轨迹规划问题的初始解，则 NLP 求解将收敛至局部最优轨迹 b。显然地，轨线 1~2 及轨线 3~4 分别对应原始命题的两个截然不同的局部最优解，因此不难推测轨线 1~2 或 3~4 具有某一群体共同属性，能够主导梯度优化的收敛方向。

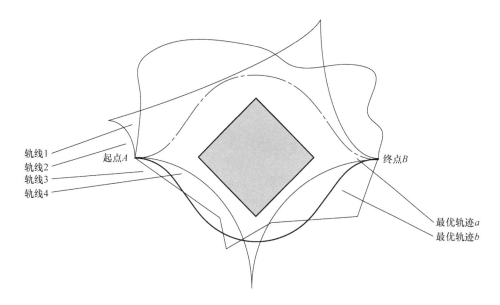

图 2.8　初始解与局部最优解之间的关联

为了进一步阐述这一现象，我们引入拓扑学中的同伦（Homotopy）概念：两个拓扑构型如果可以通过一系列连续形变而从其中一个变为另一个，则称这两个拓扑构型存在同伦关系[28]。在图 2.8 中，我们可将轨线 1~2 以及轨迹 a 归为集合 1，轨线 3~4、轨迹 b 归为集合 2，则有以下结论：①从集合 1 或 2 内部任取两条均构成同伦关系；②集合 1 中的任一轨线与集合 2 中的任一轨线构成非同伦关系。在使用仅具备局部寻优能力的主流优化器求解轨迹规划问题时，最终收敛到的局部最优解与初始解保持同伦关系[29]，因此初始解决定着最终轨迹从哪一侧绕行障碍物。那么我们可否以不关心绕行障碍物方式为由省略初始化这一步呢？答案是否定的。我们以图 2.9 所示的规划任务为例，可以经过梯度优化而收敛到的轨迹至少包括图中给出的三种。在我们未能提供初始解时优化器会自行初始化（自行初始化策略因优化器而异，例如 IPOPT 以零向量为初始解，但迭代优化过程一定需要确定初始解），因此可能计算出这三种轨迹中的任意一种，但其中轨线 3 质量明显不高（从轨迹长度上来衡量），轨线 2 是收敛至不可行域的不合法解[30]。为使基于数值优化的轨迹规划能够获得诸如轨线 1 的可行、优质局部最优解，应慎重确定轨迹规划的初始解。在本书中，我们将初始化步骤视为轨迹规划的重要前置环节，并称其为轨迹决策。

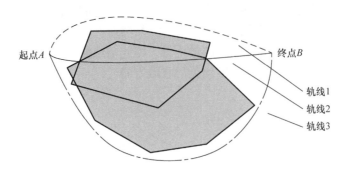

图2.9 轨迹绕行障碍物方式与局部最优解

2.4.2 轨迹决策与路径+速度决策

轨迹决策负责对场景中所有运动或静止障碍物提供绕行方式的决策。在本书中，我们限定轨迹决策环节的输出结果是一条衔接起点与终点的粗糙轨迹。之所以称其为"粗糙"轨迹，是因为该轨迹只需反映车辆从哪一侧绕行每一障碍物的离散型决策，而无须充分精细地考虑车辆运动学方程等约束。在这条粗糙轨迹中，路径反映了智能网联汽车从哪一侧绕行每一静止障碍物，沿路径行驶的时间戳信息体现了汽车决定以何种速度沿着该路径行驶，不同的时间戳布置可以造成针对移动障碍物的减速让行或加速抢行决策。总之，轨迹决策环节应生成粗略轨迹，充当轨迹规划环节中的初始解。

除一次性直接生成粗略轨迹外，在工程实践中也会将轨迹决策分解为路径决策+速度决策这两个步骤，即实施路径速度分解（Path Velocity Decomposition，PVD）[31]。与轨迹决策需要在 $X-Y-T$ 空间（即二维平面与时间轴组成的三维空间）中一次性确定三维轨线相比，路径+速度决策只需要分别在 $X-Y$ 与 $S-T$ 这两个二维空间（其中 S 代表沿着既定路径的里程）中依次计算，其计算难度大幅度降低[32]；此外，分开决策路径、速度能够更直观、更有针对性地实现对车辆决策规划的调控。鉴于以上原因，虽然 PVD 会因为改造了原始的轨迹决策命题而损害决策结果最优性，但在工程实践中仍可采用这种方式。本节剩余部分将按照适宜阅读的顺序介绍几种适用于非结构化低速场景的路径+速度决策以及轨迹决策具体算法。

2.4.3 基本 A* 算法与混合 A* 算法

本小节将介绍两种常见的路径决策方法，它们可以对场景中静止障碍物形成绕行方式的决策。其中 A* 算法忽略车辆运动学模型，适合在起点与终点相隔较远的任务中使用。与基础 A* 算法相比，混合 A* 算法包含了对车辆运动能力的更精准模型，因此适合在起点、终点相距不远的局部规划任务中提供近似最优或近似可行的初始解。

A*算法最早由 Hart 等人[33]于 1968 年提出，是一种在连通图中进行搜索的方法。在搜索策略上与广度优先搜索（Breadth First Search，BFS）、深度优先搜索（Depth First Search，DFS）相比，A*算法采取的是最优优先策略（Best First Search），即设计启发函数来估计图中各节点的代价值，并总是选择代价值最小的节点优先进行搜索。在机器人领域不经额外限定而提到的 A*算法一般指以二维栅格地图为连通图的粗略路径生成算法。以下将详细介绍使用 A*算法进行路径决策的步骤。

在调用 A*算法之前，首先需要将路径决策所在的二维平面划分为网格，则连续平面空间中的无穷点可被有限个数的网格代表。通过逐一判断各障碍物与那些网格重叠即可将所有网格分为空白网格以及被障碍物占据网格两类（图 2.10）。至此，我们将二维平面描述成了适用于 A*算法的图结构，一般将这种经离散化而形成的网格称为节点（node），以下将沿用这一称呼。在确定路径决策任务的起点、终点所在节点后，A*算法将通过搜索得到一条衔接起点、终点节点的节点序列。

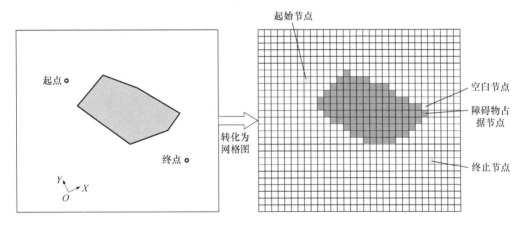

图 2.10 A*算法中的网格连通图构造方式及节点概念

A*算法的核心思想是从起始节点开始不断向周围扩大搜索范围，不断按照某一猜测标准选择最有希望抵近终止节点的位置来展开搜索，直到探索到终止节点为止。在 A*算法中，每一节点 $Node_k$ 应记录以下属性：f 指标值 $Node_k.f$、g 指标值 $Node_k.g$、h 指标值 $Node_k.h$、父节点的索引下标 $Node_k.parent\_id$、体现当前节点是否在 OpenList 集合中的布尔型状态量 $Node_k.is\_opened$、体现当前节点是否已被关闭的布尔型状态量 $Node_k.is\_closed$。f 指标反映了节点的代价值，根据公式

$$Node_k.f = Node_k.g + Node_k.h \qquad (2.32)$$

而确定。式中，$Node_k.g$ 代表从起始节点拓展至当前节点 $Node_k$ 的累积代价值；$Node_k.h$ 代表从当前节点拓展至终止节点代价的估计值。A*算法维护一个名为

OpenList 的动态集合，其中保存着未来预备被探索节点的下标，如果节点 $Node_k$ 在某一时刻保存于 OpenList 中，则状态 $Node_k.is\_opened$ 应置为 1；OpenList 中的节点一旦经过探索则被移出 OpenList，并且立即被关闭，这意味着 $Node_k.is\_opened = 0$ 并且 $Node_k.is\_closed = 1$。

A*算法的第一步是为起始节点 $Node_{start}$ 完善属性信息，包括设置 $Node_{start}.g = 0$、计算 $Node_{start}.h$、$Node_{start}.f = Node_{start}.g + Node_{start}.h$、$Node_{start}.parent_id = $ Null、$Node_{start}.is\_opened = 1$ 以及 $Node_k.is\_closed = 0$，其中 h 值的计算方法将稍后介绍。在将 $Node_{start}$ 加入空集 OpenList 之中充当第一个元素后，A*算法开始循环迭代。

在每一轮循环开始之初需要从集合 OpenList 中选出 f 值最小的那一个节点（如果多个节点同时取得最小 f 值，一般选择最新加入 OpenList 之中的那个节点），假设选出的节点为 $Node_{current}$。随后对 $Node_{current}$ 进行拓展，在基本 A*算法中一般将 $Node_{current}$ 周围与其相邻的 4 连通或 8 连通区域的节点视为潜在的可拓展节点（图 2.11），为统一起见，本书在谈及 A*节点拓展时默认选择 8 连通域。由于这些"相邻节点"均由 $Node_{current}$ 拓展而来，因此将它们称为 $Node_{current}$ 的子节点。需要补充说明的是，如果 $Node_{current}$ 处在网格图边沿，则至少有 3 个子节点无从拓展，我们在拓展过程中过滤掉不合法情况，保留其中有效的子节点。在完成至多 8 个子节点的拓展后，我们将对其逐一分析。

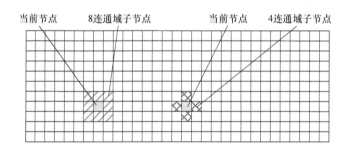

图 2.11　A*算法子节点拓展方式示意图

不妨假设针对某一个子节点 $Node_{child}$ 进行分析。首先，我们检查子节点 $Node_{child}$ 所属的状态 $Node_{child}.is\_closed$ 是否为 1，如果是，则意味着该节点已被探索过，则直接放弃该子节点，继而分析下一子节点；如果不是，则进一步判断 $Node_{child}.is\_opened$ 是否为 0，如果是 0，则子节点 $Node_{child}$ 不在 Openlist 内，即其从未被探索过，为此我们触发操作 A；如果不是 0，则触发操作 B（稍后将对操作 A、B 展开详细介绍）。随后，针对当前子节点的分析处理完成。在针对所有子节点均进行分析处理后，我们将 $Node_{current}$ 从 OpenList 中删除，并对其设置 $Node_{current}.is\_opened = 0$、$Node_{current}.is\_closed = 1$。至此当前迭代轮次结束。

上文说到，首次被探索到的子节点 $Node_{child}$ 将被实施操作 A。具体而言，首先

需判断 $Node_{child}$ 是否被障碍物占据，如果是，则设置 $Node_{child}.is\_closed = 1$ 并结束操作；如果不是，则需要进一步处理。将其父节点设置为 $Node_{current}$，即

$$Node_{child}.parent\_id = Node_{current} \quad (2.33a)$$

按照以下公式计算 $Node_{child}.g$：

$$Node_{child}.g = Node_{current}.g + Euclidean\_dist(Node_{current}, Node_{child}) \quad (2.33b)$$

式中，$Euclidean\_dist(Node_a, Node_b)$ 是用于计算 $Node_a$ 与 $Node_b$ 之间欧氏距离的函数。随后需要计算 $Node_{child}.h$，据此可得到

$$Node_{child}.f = Node_{child}.g + Node_{child}.h \quad (2.33c)$$

接下来，我们判断 $Node_{child}$ 是否为终止节点，如果是，则跳出整个外层迭代循环，搜索过程成功完成（完成后的输出路径方式稍后介绍）；如果不是，则将 $Node_{child}$ 加入 OpenList 之中，并相应地设置

$$Node_{child}.is\_opened = 1 \quad (2.33d)$$

以及

$$Node_{child}.is\_closed = 0 \quad (2.33e)$$

如果某一子节点 $Node_{child}$ 存在于 OpenList 中，说明它在此前已设置了父节点且父节点一定不是 $Node_{current}$，此时应执行操作 B。操作 B 的主要内容是判断将 $Node_{child}$ 的父节点重新设置为 $Node_{current}$ 能否令当前子节点的 f 值更小，如果是，则将其父节点重置为 $Node_{current}$。具体而言，假设当前子节点 $Node_{child}$ 的父节点为 $Node_{old\_parent}$，则有

$$Node_{child}.f = Node_{old\_parent}.g + Euclidean\_dist(Node_{old\_parent}, Node_{child}) + Node_{child}.h$$
$$(2.34a)$$

另一方面，既然 $Node_{child}$ 也可由 $Node_{current}$ 探索到，可以在"子节点 $Node_{child}$ 的父节点是 $Node_{current}$"这一假设下重新估算 $Node_{child}$ 的代价值，我们将这一备选代价值记为 f^*：

$$Node_{child}.f^* = Node_{current}.g + Euclidean\_dist(Node_{current}, Node_{child}) + Node_{child}.h$$
$$(2.34b)$$

如果 $Node_{child}.f^* < Node_{child}.f$，则说明 $Node_{current}$ 较之 $Node_{old\_parent}$ 会令 $Node_{child}$ 更具优势，此时应将 $Node_{child}$ 的父节点重置为 $Node_{current}$，并相应地更新 $Node_{child}$ 的 g、f 值。反过来，如果 $Node_{child}.f^* \geqslant Node_{child}.f$，则无须变更 $Node_{child}$ 的父节点。

A* 算法外层迭代循环的中断条件可分为成功、失败两类，上文已介绍了成功中断的判断过程。失败的判断包括：①OpenList 为空；②外层迭代循环次数超过某一阈值。如果外层迭代成功，应从最后得到的子节点开始，确定其父节点，并继续确定父节点的父节点，直到出现某一父节点为 Null 为止，将这些节点按照逆序排列即对应着衔接起点与终点的粗略决策路径。如果外层迭代因失败而中断，则判定路径搜索失败并退出整个算法。A* 算法的基本执行流程如下。

算法 2.1 基本 A* 算法

输入：网格图、起始及终止节点、参数 max_cycle；
输出：衔接起终点的连通路径；

1. 初始化 OpenList $= \varnothing$，$iter = 0$；
2. 将起始节点 $Node_{start}$ 加入 OpenList；
3. **While**(OpenList $\neq \varnothing$) $\cup$ ($iter \leq$ max_cycle)，**do**
4. $iter \leftarrow iter + 1$；
5.   从 OpenList 选择 f 值最小的节点，记为 $Node_{current}$；
6.   拓展 $Node_{current}$ 得到子节点保存于集合 Γ；
7.   **For each** $Node_{child} \in \Gamma$
8.   **If** $Node_{child}.is\_closed = 1$，**then**
9.   **Continue**
10.   **End if**
11.   **If** $Node_{child}.is\_opened = 0$，**then**
12.   **If** 节点 $Node_{child}$ 被障碍物占据，**then**
13.   设置 $Node_{child}.is\_closed = 1$；
14.   **Continue**
15.   **End if**
16.   执行公式（2.33）；
17.   **If** 节点 $Node_{child}$ 是终止节点，**then**
18.   记录节点 $Node_{child}$；
19.   跳至第 33 行；
20.   **Else**
21.   将 $Node_{child}$ 加入 OpenList；
22.   **End if**
23.   **Else**
24.   执行公式（2.34b）；
25.   **If** $Node_{child}.f^* < Node_{child}.f$，**then**
26.   将 $Node_{child}$ 父节点置为 $Node_{current}$ 并更新 $Node_{child}.g$、$Node_{child}.f$；
27.   **End if**
28.   **End if**
29.   **End for**
30.   将 $Node_{current}$ 从 OpenList 中移除；

31. **End while**
32. 返回求解失败；
33. 构建空向量 $\Lambda = \varnothing$；
34. 向 Λ 中存入 $Node_{child}$；
35. **While** $Node_{child}.parent_id \neq $ Null, **do**
36. 向 Λ 中存入 $Node_{child}.parent\_id$ 对应的节点（将其记为 $Node_{parent}$）；
37. 将 $Node_{child}$ 置为 $Node_{parent}$；
38. **End while**
39. 返回求解成功，并逆序输出向量 Λ。

启发函数 h 是整个 A* 算法的关键，它对于路径的搜索质量及效率有着直接、重要的影响。一般将 h 设置为当前节点与终止节点之间的曼哈顿距离（Manhattan distance），即两个节点的网格轴距绝对值总和，是一种对代价的估计。更进一步讲，如果 h 比真值大，则 A* 搜索策略会优先拓展距离终点较近的节点，这些节点之所以具有较小的 f 值，是因为 f 值中的大部分由真实里程 g 值贡献，虚高的 h 值在其 f 值中只占小部分；反过来，如果启发函数 h 设计得比真实情况偏小，则 A* 搜索倾向于优先拓展距离起点更近的节点，那些节点同比之下具有较小的 f 值的原因是 f 值中大部分由被低估的 h 值所贡献。为了加快 A* 搜索速度，工程中有时会使用某一正系数 $\lambda_h > 1$ 并将 $\lambda_h \cdot h$ 当作启发函数使用，从而确保 h 能够比真实情况大。盲目从 Openlist 中优先探索靠近终点的节点，辅之以 A* 所采取的"一旦拓展到终点即终止搜索"的策略，一般会导致路径质量偏低，即牺牲决策质量换取计算速度的提升。与此相反，如果有意将 h 设置得偏低，则搜索得到的路径质量偏高；如果 h 始终确保不超过真值，则 A* 算法一定能够搜索得到最优路径；更极端地，如果设置 $h \equiv 0$，则 A* 算法退化为具有最优性保障的 Dijkstra 算法[34]。

为了加速 A* 算法，在工程实践中一般利用离线数据表完成 *Euclidean_dist* 函数功能，从而避免重复性的在线计算。以图 2.11 所示的正方形网格为例，8 连通子节点与父节点的欧式距离只可能为网格宽度的 1 或 $\sqrt{2}$ 倍，通过子节点与父节点相对位置关系即可确定距离值，而无须进行距离运算。此外，由于 OpenList 需要不断进行排序，可将 OpenList 构造为优先队列来提升排序效率。

混合 A* 算法是一种在离散 $x - y - \theta$ 状态空间中使用 A* 策略并融合 Reeds-Shepp 曲线（以下简称 RS 曲线）机制的路径规划方法[35]。与基本 A* 算法相比，混合 A* 算法的差异体现在以下七点：

1）混合 A* 算法更改了连通图的构建方式。与基本 A* 算法在 X-Y 平面上构建网格相比，混合 A* 算法增加了车辆 i 姿态角 θ_i 作为第三维度，这意味着每一节点代表了一定邻域内的车辆状态 $[x_i, y_i, \theta_i]$。

2）混合 A* 算法更改了节点的拓展方式。不妨设当前节点 $Node_{current}$ 对应的运动状态为 $s_{current}=[x_i^{current},y_i^{current},\theta_i^{current}]$，我们要求车辆 i 以 $s_{current}$ 为初始状态并在 Δt 时间内将 v_i、ϕ_i 固定为某给定值，通过前向模拟可得到一段始于 $s_{current}$ 的路径，路径终点对应的节点即为一个子节点。在 $v_i\in\{-1,1\}$、$\phi_i\in\{-\varPhi_{max},0,\varPhi_{max}\}$ 条件下至多可拓展 6 个子节点（图 2.12）。

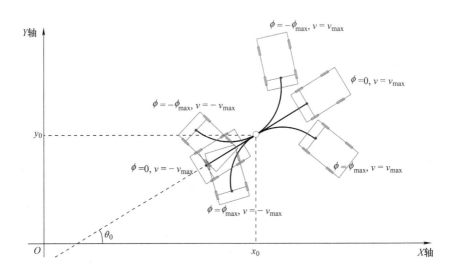

图 2.12　混合 A* 算法子节点拓展方式

3）混合 A* 算法新增了节点属性类别。除记录 f、g、h、$parent\_id$、is_opened、is_closed 之外，每一节点还记录着拓展至该节点时的具体运动状态值 $[x_i,y_i,\theta_i]$ 以及该节点由何种输入控制量 v_i、ϕ_i 得来。

4）混合 A* 算法变更了搜索策略。引入 RS 曲线生成机制是混合 A* 算法最本质的特色，也是该算法得名的原因。RS 曲线由 Reeds 与 Shepp 两人于 1990 年提出[36]，RS 曲线生成方法将所有的圆弧及直线段的排列组合方式归纳为 48 种，据此可对平面上的任意起点、终点位姿实现衔接，并在车辆运动学意义下保证路径长度最短。尽管 RS 曲线无法避障，但其计算速度快，可以采取"先构造 RS 曲线再检验是否碰撞"的方式来增强混合 A* 算法的搜索能力，尤其是精准衔接终点位姿的能力。具体而言，在混合 A* 算法的迭代循环中，我们设置每隔 N_{RS} 代触发一次 RS 曲线生成，即从当前节点记录的准确位姿向终点位姿直接衔接，如果用于衔接的 RS 曲线恰好避障，则立刻终止搜索，输出从起点到当前节点的路径连同 RS 曲线，即完成路径生成的任务；相反，如果用于衔接的 RS 曲线与障碍物相撞，则退出 RS 曲线模式，随后继续正常搜索。

5）混合 A* 算法更改了节点碰撞检验方式。与基本 A* 算法直接在二维网格图中查询相比，混合 A* 算法需依据节点运动状态具体数值 $[x_i, y_i, \theta_i]$ 获得车辆矩形轮廓，并验证车身轮廓所覆盖的二维网格中是否存在障碍物。

6) 混合 A* 算法更改了启发函数 h 的定义。由于混合 A* 算法旨在提供精度较高的路径，因此不适合沿用曼哈顿距离估算 h。理想的 h 应反映从当前节点到终点的避障、运动学可行的路径的长度。为此，混合 A* 算法使用两个子启发函数——$h_{nonholonomics}$ 与 $h_{collision\_avoidance}$，其中 $h_{nonholonomics}$ 代表一条符合车辆运动学约束但无视碰撞的路径的长度，$h_{collision\_avoidance}$ 代表一条考虑避障但未必运动学可行的路径的长度，据此我们定义 $h = \max\{h_{collision\_avoidance}, h_{nonholonomics}\}$。在混合 A* 算法中，$h_{nonholonomics}$ 由 RS 曲线的长度来表征，而 $h_{collision\_avoidance}$ 由基本 A* 路径长度与曼哈顿距离这二者较大值来表征。需要澄清的是，这里调用 RS 曲线的步骤与第 4) 点中每隔一定迭代次数触发 RS 曲线的操作是相互独立的。

7) 混合 A* 算法修改了函数 g 的定义。为防止混合 A* 搜索得到形态扭曲、反复振荡的路径，我们在历史路径长度 g 函数中适当施加对频繁切换输入控制量 v_i、ϕ_i 的惩罚。由于各节点记录自身由何种输入控制量拓展到，因此通过将当前子节点与父节点的输入控制量进行对比，可以评估控制量的偏差绝对值，将其补入 g 中。频繁切换速度方向或前轮转向均会导致行车过程损耗时间或能源，虽然在路径生成时不考虑时间相关限制，但基于上述设计的 g 会使得输出的路径更为合理。

混合 A* 算法的基本执行流程如下。

算法 2.2　混合 A* 算法

输入：二维网格图、起始及终止位姿、N_{RS} 等参数；

输出：衔接起、终点位姿的连通路径；

1. 初始化 OpenList $= \varnothing$，$iter = 0$；
2. 生成起始节点 $Node_{start}$ 并加入 OpenList；
3. **While**（OpenList $\neq \varnothing$）$\cup$（$iter \leqslant$ max_cycle），**do**
4. 　　$iter \leftarrow iter + 1$；
5. 　　从 OpenList 选择 f 值最小的节点，记为 $Node_{current}$；
6. 　　**If**（$iter - 1$）能够被 N_{RS} 整除，**then**
7. 　　　　使用 RS 方法生成衔接 $Node_{current}$ 位姿与终点位姿的路径 χ；
8. 　　　　**If**（χ 能够避障），**then**
9. 　　　　　　记录节点 $Node_{current}$ 及 χ；
10. 　　　　　　跳转至第 47 行；
11. 　　**End if**

12.   **End if**
13. 前向模拟拓展 $Node_{current}$，得到子节点 $Node_{child}$，将其保存于集合 Γ；
14.   **For each** $Node_{child} \in \Gamma$
15.   **If** $Node_{child}.is\_closed = 1$，**then**
16.   Continue
17.   **End if**
18.   **If** $Node_{child}.is\_opened = 0$，**then**
19.   **If** 从 $Node_{current}$ 到 $Node_{child}$ 的局部路径不避障，**then**
20.   设置 $Node_{child}.is\_closed = 1$；
21.   Continue
22.   **End if**
23.   计算 $Node_{child}$ 的相应属性数值；
24.   **If** 节点 $Node_{child}$ 是终止节点，**then**
25.   记录节点 $Node_{child}$；
26.   跳至第 40 行；
27.   **Else**
28.   将 $Node_{child}$ 加入 OpenList；
29.   **End if**
30.   **Else**
31.   计算 $Node_{child}.f^*$；
32.   **If** $Node_{child}.f^* < Node_{child}.f$，**then**
33.   将 $Node_{child}$ 父节点置为 $Node_{current}$ 并更新 $Node_{child}.g$、$Node_{child}.f$；
34.   **End if**
35.   **End if**
36.   **End for**
37.   将 $Node_{current}$ 从 OpenList 中移除；
38. **End while**
39. 返回求解失败；
40. 构建空向量 $\Lambda = \varnothing$；
41. 向 Λ 中存入 $Node_{child}$；
42. **While** $Node_{child}.parent\_id \neq \text{Null}$，**do**
43.   向 Λ 中存入 $Node_{child}.parent\_id$ 对应节点（将该节点定义为 $Node_{parent}$）；
44.   将 $Node_{child}$ 设置为 $Node_{parent}$；

45. **End while**
46. 返回求解成功，并逆序输出向量 Λ。
47. 构建空向量 Λ = ∅；
48. 向 Λ 中存入 $Node_{current}$；
49. **While** $Node_{current}.parent\_id \neq$ Null，**do**
50. 向 Λ 中存入 $Node_{current}.parent\_id$ 对应节点（将该节点定义为 $Node_{parent}$）；
51. 将 $Node_{current}$ 置为 $Node_{parent}$；
52. **End while**
53. 将向量 Λ 按逆序重排，随后在其中存入 χ；
54. 返回求解成功，并输出向量 Λ。

暂且不提 RS 曲线部分，混合 A* 算法在拓展子节点时采样控制变量（此处不考虑更底层的 a_i 或 ω_i，则 v_i 与 ϕ_i 充当控制量）而非状态变量，由于状态量 [x_i, y_i, θ_i] 是间接通过前向模拟生成的，显然并非所有节点均有可能被拓展到[37]，这意味着混合 A* 算法不再具有完备性（即无法保证在问题有解时一定找到解）。因此，虽然针对控制输入变量采样有利于保证路径的运动学可行性，但会损失算法完备性，控制变量采样精度越低则搜索失败率越高[38]。

融入 RS 曲线的好处体现在两个方面：①终止位姿可以借此得到精确满足；②在搜索中间歇性地伺机直接衔接终点可能会使得搜索提前完成，并削弱使用控制采样带来的非完备性。即便使用了 RS 曲线，混合 A* 算法本质上仍不具备完备性。

在工程实践中为了使混合 A* 算法运行得更快，会针对其中凡是可以离线提前确定的部分均做离线计算储备，而在线只需查表而无须重复计算。例如，用于拓展子节点的前向模拟步骤可离线精细完成计算并保存起来，在线使用时只需将离线求解的模拟路径进行旋转，即得到实际所需的子节点及衔接父、子节点的局部路径；$h_{nonholonomics}$ 函数值计算不依赖任何环境障碍物摆放信息，因此可以依分辨率实施离线枚举并存储为数据表，此时在线求解 $h_{nonholonomics}$ 只需查表而无须调用 RS 曲线生成算法，可以大幅度提升混合 A* 算法的搜索效率。混合 A* 算法的源码在 https：//github.com/libai2020/Hybrid_A_Star 提供，由于代码中调用了 Matlab 自带的 RS 曲线生成函数，因此可能需要在包含工具箱 Robotics System Toolbox 且不落后于 2018b 版本的 Matlab 环境中运行。

2.4.4 基于 S-T 图的搜索

上一小节介绍了路径决策方法，其决策结果是一条衔接起点与终点的路径，反映了车辆绕行每一静止障碍物方式的决定。在将轨迹决策分解为路径 + 速度决策时,速度决策环节负责决定车辆在沿着既定路径行驶途中以何种速度应对场景中的移动障碍物。本小节将介绍一种基于 $S-T$ 图的速度决策方法,该方法将速度决策化归为在 $S-T$ 图中进行的搜索任务。

首先,我们构建一个以 T 为横轴、S 为纵轴的平面直角坐标系,其中 T 代表时间,S 代表车辆沿着某一既定路径行驶时的里程。

为了在 $S-T$ 坐标系中表示移动障碍物,现引入车辆足迹(footprint)的概念,即车辆 i 在其处于某一位姿 $[x_i, y_i, \theta_i]$ 时车身在地面的投影。我们令车辆 i 沿着既定路径从开端(即里程 $s=0$ 处)移动到末端($s=s_{end}$ 处),其间每隔微小里程间隔 Δs 即生成车辆足迹 Ξ,并将所有足迹 Ξ 与相应里程值 s 记录在集合 Π 中。另一方面,我们令场景中所有的移动障碍物沿着各自轨迹从开端(即时刻 $t=0$)移动到末端($t=t_{end}$),其间每隔微小时间间隔 Δt 即生成移动障碍物体的足迹 Y,并判断 Y 是否与集合 Π 中的任一足迹 Ξ 发生重叠:如果发生重叠,则将发生重叠的时刻 t 与足迹 Ξ 对应的里程 s 组成坐标点 (s, t) 标记在 $S-T$ 坐标系中。将所有障碍物在各时刻的足迹与集合 Π 中的车辆足迹逐一进行检验,可得到一张包含若干散点的图谱,它反映了车辆在沿着既定路径行驶时与移动障碍物的遭遇情况(图 2.13)。

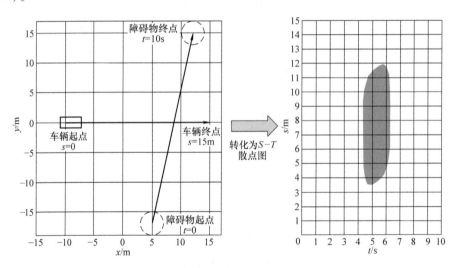

图 2.13 一则利用 $S-T$ 散点图反映移动障碍物轨迹的算例($\Delta s = 0.1 \mathrm{m}$,$\Delta t = 0.04 \mathrm{s}$)

在得到 $S-T$ 散点图后,速度决策相当于在 $S-T$ 图中搜索一条从原点 $(0, 0)$ 运动至 (t_{end}, s_{end}) 的路径,A^* 算法无疑胜任这一搜索任务。为此,可将 $S-T$ 坐标系中的 $[0, t_{end}] \times [0, s_{end}]$ 区域按照一定分辨率离散化为网格,并将包含散点的网格标记为"被障碍物占据",随后采取 A^* 算法在网格图中计算一条 $S-T$ 轨线。通过这一轨线可确定车辆沿既定路径运动过程中的速度信息,即完成了速度决策任务。

与基本 A* 算法相比,此处使用的 A* 算法存在以下细微改动:

1)更改了子节点的拓展方式。与基本 A* 算法采用 8 连通区域拓展子节点相比,此处的网格受到 $S-T$ 实际意义限制,由于时间不可退后导致可拓展连通区域减少至 5 块,如果进一步禁止行车里程倒退则连通区域减少至 3 块(图 2.14)。

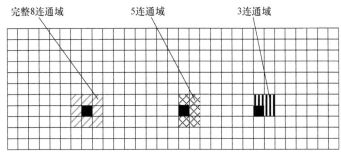

图 2.14 $S-T$ 网格图中搜索的子节点拓展连通域

2)更改了函数 g 的定义。我们对于垂直于父节点向上或向下拓展的子节点施加额外的惩罚值 $\text{penalty}_{inf\_velocity}$:

$$Node_{child}.g = \begin{cases} Node_{current}.g + 1 + \text{penalty}_{inf\_velocity}, & \text{若子节点源于垂直拓展} \\ Node_{current} \cdot g + 1, & \text{否则} \end{cases}$$

(2.35)

之所以施加额外惩罚,是因为它们对应着行驶速率趋于无穷(在极短时间内运动一段里程)的不甚合理情况。进一步地,可通过 g 函数来体现对于强行与让行的倾向性。如果网格某区域被紧急车辆(例如救护车或警车)占据,应倾向于对其礼让,因此一旦出现子节点开始从垂直上方或斜上方绕行该区域的情形则应施加某一较大惩罚,从而令该子节点的 f 值在 OpenList 中同比之下不具竞争力。

最后在完成搜索后,将输出的 $S-T$ 路径转化为沿着既定路径移动的时间属性信息,即完成了整个速度决策过程,速度决策与路径决策结果合并起来构成了轨迹决策结果,它反映了车辆绕行场景中静态/动态障碍物的方式。我们在 https://github.com/libai2020/ST_Graph_Search 提供了基于 $S-T$ 图搜索实现速度决策的 Matlab 源代码。

2.4.5 $X-Y-T$ 三维 A* 算法

2.4.3 与 2.4.4 小节介绍了路径+速度决策方案,与之对应的是对于所有静止或移动障碍物同时、统一完成决策,即轨迹决策。为了描述动态及静止障碍物,一个自然的想法是将时间轴视为运动状态,从而将移动障碍物统一记录在 $X-Y-T$ 三维状态空间中,此时静止障碍物对应着以其足迹为基本平面形状、以 T 轴上一段时间区间长度为高的直立柱状体,移动障碍物对应着倾斜的柱状体(图 2.15)[39][40]。

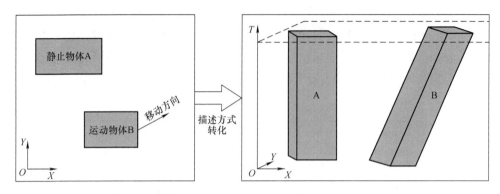

图 2.15 静止/移动障碍物在 $X-Y-T$ 三维空间中的统一描述

分别沿着各维度方向离散化,我们可将连续的 $X-Y-T$ 三维空间表示为有限个数的微小立方体,我们将每一立方体称为节点。在确定由障碍物占据的节点后,即可构成一张三维的连通图。在指定起始、终止节点后,可使用 A^* 算法在图中搜索路径,生成的 $X-Y-T$ 高维路径即是一条粗略的轨迹,它完整地反映了对于所有动态/静止障碍物的绕行决策。

利用 A^* 算法在 $X-Y-T$ 高维网格图中搜索时需注意以下几点:

1) 在拓展子节点时,在时间维度上只允许单调、均匀、前向拓展,毕竟时间不会停止或倒流;在 $X-Y$ 维度上则额外支持原地不动,这是因为即便子节点与父节点在 $X-Y$ 维度上相同,时间维度也会不同;总之每一父节点至多可拓展 9 个子节点。

2) 函数 g 中应加入对于原地不动、频繁前进后退行为的惩罚,鼓励车辆尽早向终点运动。

此外,我们对 A^* 搜索机制进行了改造,要求即便搜索最终失败也会返回目前已探索过的"以最大程度抵近终点"的轨线。为实现这种容错搜索功能,我们在 A^* 迭代过程中额外记录当前最优节点 $Node_{cur\_best}$,并不断结合拓展到的子节点对其更新:如果新拓展到的子节点拥有比当前 $Node_{cur\_best}$ 更小的 h 值,则将 $Node_{cur\_best}$ 替换为该子节点。最终,如果 A^* 搜索成功,则 $Node_{cur\_best}$ 不会被使用;但如果 A^* 搜索失败,则返回从起点到 $Node_{cur\_best}$ 为止的轨迹。需要说明的是,上述容错搜索机制输出的轨迹虽然能够尽量抵近终点,但毕竟未能成功衔接到终点,因此无法保障其决策质量,该方法在诸如"死胡同"(dead end)等典型场景中效率可能不高,我们将这一开放问题留给读者进一步研究。本小节之所以引入容错搜索的概念,除丰富本书技术内容的意图外,也是为第 3 章中协同决策相关算法做铺垫。

在上述 A^* 搜索的方案中,无论搜索是否成功都会返回一条轨迹,我们引入一个适应度指标 $fitness$ 对轨迹质量进行评价,并将 $fitness$ 值随着轨迹一并输出。具体而言,如果 A^* 算法成功拓展到终点,则轨迹的适应度值由轨迹长度体现;如果

A^* 算法未能拓展到终点,则轨迹的适应度值体现未完成任务的一定惩罚,并反映搜索得到的轨线末端位置 (x_{end}, y_{end}) 与任务中指定的终止位置 (x_{goal}, y_{goal}) 的差距。总之,fitness 可定义如下:

$$fitness = \begin{cases} |x_{end} - x_{goal}| + |y_{end} - y_{goal}| + N_{large}, & \text{如果搜索失败} \\ \text{决策轨迹长度}, & \text{如果搜索成功} \end{cases}. \quad (2.36)$$

式中,$N_{large} > 0$,是充分大的常数,其取值应保证任意未成功搜索到终点的容错轨迹的适应度低于任意一条成功拓展到终点的轨迹。至此,我们给出具有容错功能的 $X-Y-T$ 三维 A^* 算法的执行流程:

算法 2.3 具有容错机制的 $X-Y-T$ 三维 A^* 轨迹决策算法。

输入:网格图、起始及终止节点、max_cycle、N_{large} 等参数;
输出:决策轨迹以及决策轨迹适应度值 fitness;
1. 初始化 OpenList $= \varnothing$,$iter = 0$,$completeness\_flag = 0$;
2. 将起始节点 $NOde_{start}$ 加入 OpenList;
3. $Node_{cur\_best} \leftarrow Node_{start}$;
4. **While**(OpenList $\neq \varnothing$)$\cup$($iter \leq$ max_cycle),**do**
5. $iter \leftarrow iter + 1$;
6.   从 OpenList 选择 f 值最小的节点,记为 $Node_{current}$;
7.   拓展 $Node_{current}$ 得到子节点保存于集合 Γ;
8.   **For each** $Node_{child} \in \Gamma$
9.   **If** $Node_{child}.is\_closed = 1$,**then**
10.   Continue
11.   End if
12.   **If** $Node_{child}.is\_opened = 0$,**then**
13.   **If** 节点 $Node_{child}$ 被障碍物占据,**then**
14.   设置 $Node_{child}.is\_closed = 1$;
15.   Continue
16.   End if
17.   执行公式 (2.33);
18.   **If** 节点 $Node_{child}$ 是终止节点,**then**
19.   记录节点 $Node_{child}$;
20. $completeness\_flag \leftarrow 1$;
21.   跳至第 38 行;
22.   **Else**

23. 将 $Node_{child}$ 加入 OpenList；
24. **End if**
25. **If** $Node_{child}.g < Node_{cur\_best}.g$，**then**
26. $Node_{cur\_best} \leftarrow Node_{child}$；
27. **End**
28. **Else**
29. 执行公式（2.34b）；
30. **If** $Node_{child}.f^* < Node_{child}.f$，**then**
31. 将 $Node_{child}$ 父节点置为 $Node_{current}$ 并更新 $Node_{child}.g$、$Node_{child}.f$；
32. **End if**
33. **End if**
34. **End for**
35. 将 $Node_{current}$ 从 OpenList 中移除，并记录 $Node_{current}.is\_opened = 0$、$Node_{current}.is\_closed = 1$；
36. **End while**
37. $Node_{child} \leftarrow Node_{current\_best}$；
38. 构建空向量 $\Lambda = \emptyset$；
39. 向 Λ 中存入 $Node_{child}$；
40. **While** $Node_{child}.parent\_id \neq$ Null，**do**
41. 向 Λ 中存入 $Node_{child}.parent\_id$ 对应节点（将其记为 $Node_{parent}$）；
42. 将 $Node_{child}$ 置为 $Node_{parent}$；
43. **End while**
44. 根据（2.36）计算 Λ 对应轨迹的 $fitness$；
45. 逆序输出向量 Λ、输出 $fitness$。

算法 2.3 的 Matlab 源代码在 https：//github.com/libai2020/Three_Dim_A_Star 给出。

2.5 进一步提升轨迹规划命题求解效率的方法

2.5.1 直接求解的困难

将轨迹决策环节生成的粗略轨迹直接用作数值求解最优控制问题时的初始解往往仍旧会出现求解缓慢的情况，这是因为初始解不一定是近似最优解，甚至可能不是近似可行解。以包含 A* 算法搜索的粗略路径决策方法为例，A* 算法在成功搜索到终点即返回结果，此时得到的结果未必是最优解。另外，以混合 A* 算法的子节点拓展方式为例，父节点与子节点之间的控制变量很可能不连续，导致轨迹在一定程度上违背车辆运动学模型。除了初始解与最优解可能存在的差距之外，场景中存在的障碍物也是造成数值优化问题规模庞大的重要原因。

2.5.2 场景隧道化建模思想

在最优控制问题模型中考虑车辆每时每刻与全部障碍物避免碰撞会导致问题规模过大。对此，一个自然的想法是借助轨迹决策环节生成的粗略轨迹来大致确定需要关心的部分障碍物，据此可以放心地忽略掉其他与车辆粗略轨迹相距较远的障碍物而不影响可行性与最优性。更进一步地，可以沿着粗略轨迹铺设一条"绿色通道"，它能够天然地隔离开可行驶区域与障碍物，至此我们可以将碰撞躲避约束条件等价地描述为车辆在通道中行驶的条件，这样的转变可以使得规模原本随着场景复杂程度不断变化的碰撞躲避约束条件直接转化为规模相对固定的条件，从而有效提升求解效率。初步的研究工作可参阅文献 [41]。

2.6 仿真实验

本节将提供本章涉及主要算法的仿真实验结果。仿真实验分为两部分，通过第一部分实验我们将对本章中某些论断予以实证，第二部分实验则针对复杂非结构化场景中的轨迹规划任务给出计算结果。基本的参数设置列在表 2.1 中。

表 2.1 仿真实验基本参数设置

参数名称	基本含义	设置
Φ_{max}	车辆前轮最大允许转弯角度	0.7rad
a_{max}	车辆最大允许线加速度	0.5m/s²
v_{max}	车辆最大允许线速度	2.5m/s
Ω_{max}	车辆前轮最大允许转弯角速度	0.5rad/s
L_w	车辆前后轮轴距	2.8m
L_f	车辆前悬距离	0.96m
L_r	车辆后悬距离	0.929m
L_b	车辆宽度	1.942m
$[w_1, w_2, w_3, w_4]$	代价函数式 (2.19) 中的权重系数	[0, 1, 1, 0]
N_{fe}	OCDT 方法中有限元的数目	40
$[\tau_0, \tau_1, \tau_2, \tau_3]$	OCDT 方法中配置点相对位置（Radau 点）	[0, 0.1551, 0.6450, 1]
K	OCDT 方法中分段拉格朗日插值的阶次	3

在 2.1.2 小节中我们曾提到涉及车辆终止时刻姿态角度 $\theta_i(t_f)$ 的约束条件应建立为公式（2.7e）的形式。为体现使用式（2.7e）的意义，图 2.16 提供了一则令车辆从（0，0）运动至（20，0）的算例。在不使用式（2.7e）而直接施加点约束 $\theta_i(t_f)=\theta_{tf}$ 的条件下，虽然不同的 θ_{tf} 均指向同一方向，但是由于变量 $\theta_i(t)$ 不能跳变，因此在 θ_{tf} 等于 2π 或 4π 时车辆不得不提前按照逆时针顺序额外旋转 1 圈或 2 圈来累积 $\theta_i(t)$。

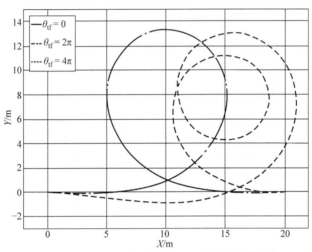

图 2.16　反映使用公式（2.7e）约束终止时刻姿态角度意义的对比实验结果

在 2.4.1 小节引入同伦轨线的概念，为证实同伦轨线对梯度优化的影响，我们设计了使车辆从（-10，0）运动至（40，0）且不与环境中障碍物相撞的轨迹算例，并随机生成 100 条由折线构成的低质量轨线分别作为轨迹规划的初始解，求解结果在图 2.17（见彩插）中给出。从图中不难发现，每一条作为初始解的轨线几乎都不符合车辆运动学方程，因此质量不高。即便如此，由于这些轨线都从障碍物一侧绕行，它们在解空间中最近距离的局部最优解是同一个，因此梯度优化方法最终会收敛至相同结果。将初始解轨线设置为从另一侧绕行障碍物的随机轨线对应的仿真结果如图 2.18（见彩插）所示。

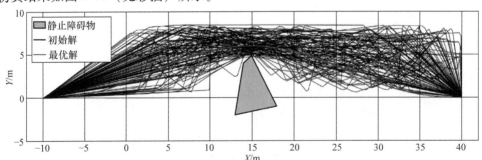

图 2.17　反映初始解与最优解同伦关系的实验结果 1（100 次独立随机实验）

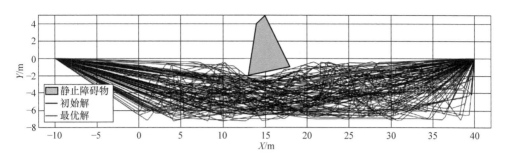

图 2.18 反映初始解与最优解同伦关系的随机实验结果 2（100 次独立随机实验）

我们通过一则路径决策算例来直观呈现混合 A* 算法的效果。在图 2.19a 所示的路径决策任务中，车辆起点附近局部空间狭窄、车辆始末时刻的姿态角度差距大。直接采用基本 A* 算法形成的路径决策无法满足运动学方程（图 2.19b）；而采用混合 A* 算法生成的路径能够更好地符合车辆运动学规律（图 2.19c）。在图 2.19c 所示的整段混合 A* 决策路径上，从起点开始的一部分路径由增量搜索拓展得到，剩下部分直至终点则由 RS 曲线生成；这一结果充分体现了混合 A* 路径搜索算法的"混合"特色。图 2.19d 揭示了不同网格分辨率条件下的路径决策结果，车辆决策路径在不同参数设置下会有不同的绕行方式——当分辨率较低时，起点附近原本可通行的狭窄缝隙会被视为障碍物区域，因此车辆不得不从另一侧绕远——这样的对比结果无疑是合理的。

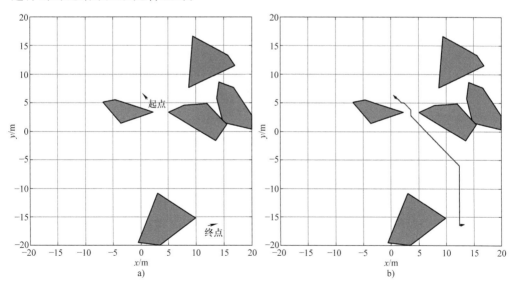

图 2.19 基于 A* 及混合 A* 算法的路径决策结果
a）环境布置与路径决策任务 b）使用基本 A* 算法决策的路径

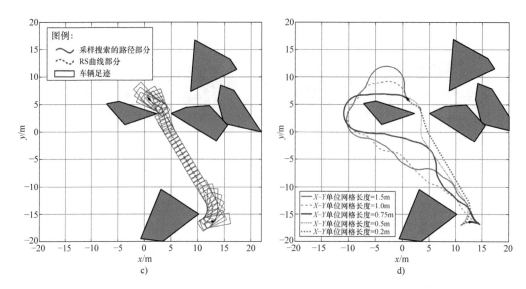

图 2.19　基于 A* 及混合 A* 算法的路径决策结果（续）

c）使用混合 A* 算法决策的路径　d）在不同的 $x-y$ 平面空间分辨率条件下的混合 A* 决策结果比较

在图 2.19a 所布置的静态环境基础上，我们补充若干移动障碍物，如图 2.20a 所示，此时由于其中部分移动障碍物的运动轨迹与图 2.19c 所示的路径决策结果在空间上有重叠，因此车辆需要进行速度决策才能有效避免碰撞。我们使用 $S-T$ 图搜索方法进行速度决策，不同参数设置下的速度决策结果在图 2.20b 给出。不难发现，当 $penalty_{inf\_velocity}$ 取值较小时，A* 算法不排斥搜索到局部斜率为无穷大的轨线（即车速趋于无穷大），对应着要求车辆在与障碍物交会之前抢先通过；倘若加大对于无穷车速的惩罚，则车辆会倾向于选择减速让行。需要说明的是，虽然无穷车速不甚合理，但是它概略地反映了让行或抢行的离散型行为决定，因此是有现实意义的。

针对图 2.20a 所示的包含动态及静止障碍物的环境及任务，也可采用 $X-Y-T$ 三维 A* 搜索方法一次性地完成轨迹决策，结果在图 2.21（见彩插）给出。如图 2.21a 所示，搜索未能衔接至终点，但算法 2.3 的容错机制提供了一条尽量抵近终点的轨线。与先后进行路径、速度决策相比，一次性完成轨迹决策能够（在一定程度上）避免损失求解完备性。但由于 $X-Y-T$ 三维 A* 搜索方法未能精细描述车辆运动能力，因此该方法更适合处理车辆行驶行为简单但障碍物行为复杂的任务。

在直接或间接得到轨迹决策结果后，可进一步实施轨迹规划。在以路径 + 速度决策为初始解的前提下，图 2.22 提供了基于计算最优控制的轨迹规划结果。得益于最优控制问题模型的精准性以及离散化过程的精细性，轨迹规划能够有效避免碰撞（图 2.22b）。与混合 A* 生成的决策路径相比（图 2.22c），基于优化的轨迹更平缓、优美，且节省了若干次不必要的机动（即速度方向的切换）行为。图 2.22d

绘制了经过优化求解的车辆前轮转角随时间变化情况，可以发现 ϕ_i 连续且变化平缓，体现了式 (2.11d) 与式 (2.17a) 对车辆转向行为的影响。

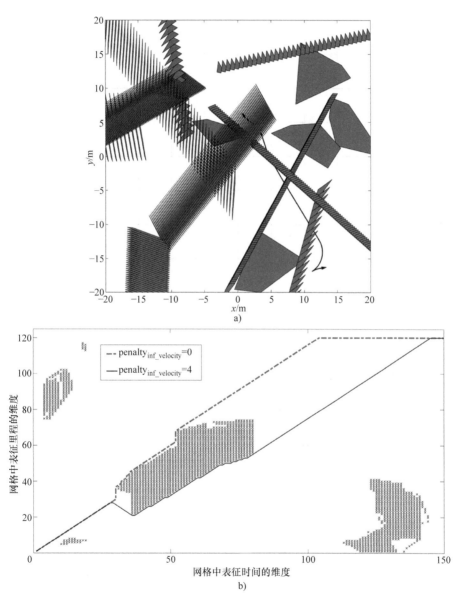

图 2.20　基于 $S-T$ 图搜索算法的速度决策结果
a) 既定路径、环境布置以及速度规划任务
b) $S-T$ 网格图以及在不同 penalty$_{inf\_velocity}$ 参数条件下求解的速度决策结果

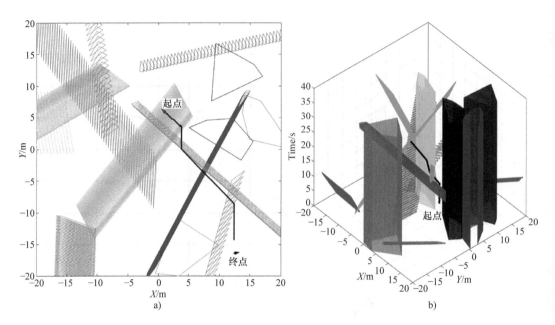

图 2.21 基于 X-Y-T 三维 A^* 算法的轨迹决策结果
a) 轨迹决策结果俯视图 b) X-Y-T 三维空间中的障碍物布置及轨迹决策结果

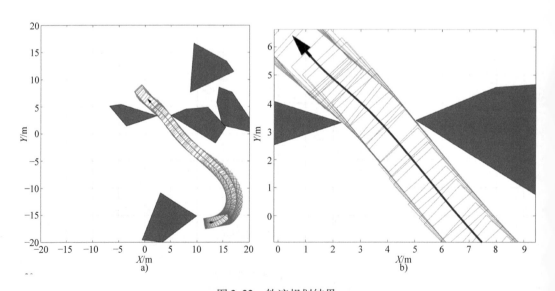

图 2.22 轨迹规划结果
a) 完整轨迹规划结果及车辆足迹 b) 局部轨迹规划结果

注：为制图简洁，a)、b) 以及 c) 均未绘制出移动障碍物的运动足迹，其运动过程与图 2.20a 所示一致

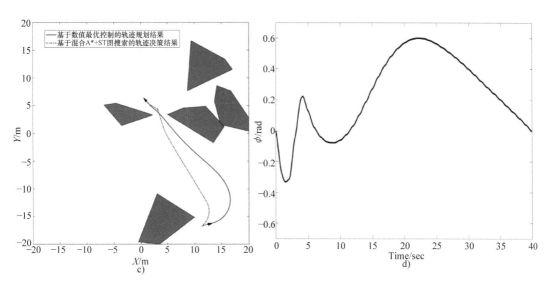

图 2.22 轨迹规划结果（续）

c）规划与决策结果对比　d）规划轨迹对应的车辆前轮转角变量

注：为制图简洁，a）、b）以及 c）均未绘制出移动障碍物的运动足迹，其运动过程与图 2.20a 所示一致

除采取路径+速度决策的方式外，若以 X-Y-T 三维 A^* 算法一次性生成的决策轨迹为初始解，则得到图 2.23（见彩插）所示的轨迹规划结果。与图 2.22a 情况

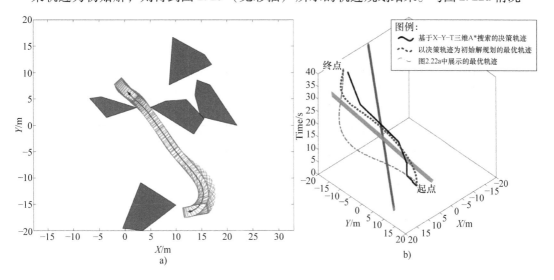

图 2.23 轨迹规划结果

a）完整轨迹规划结果及车辆足迹　b）轨迹决策、规划结果在 X-Y-T 三维状态空间中的对比呈现

注：为制图简洁，a）未绘制出移动障碍物的运动足迹，而 b）仅绘制了部分关键移动障碍物的足迹，完整的移动障碍物运动情况与图 2.20a 一致

类似,图2.23a所示的最优轨迹能够有效避障、轨迹形态优美,并且规划轨迹与决策轨迹具有同伦关系(图2.23b)。图2.23a所示的轨迹形态与图2.22a相似,但从图2.23b可以看出,这两条轨迹从不同方向绕行了某一障碍物,因此它们是非同伦关系,它们分别是原始规划命题的两个不同的局部最优解。以上仿真实验结果表明,初始解(即轨迹决策或者路径+速度决策结果)是影响轨迹规划最终效果的关键因素。

完整实现决策+规划过程的Matlab代码在https://github.com/libai2020/Single_Vehicle_Parking_Trajectory_Planning给出。一些典型算例的轨迹规划结果可使用手机扫描图2.24中二维码或访问https://www.bilibili.com/video/av70127806/观看。

图2.24　本章主要仿真实验结果动态视频

参 考 文 献

[1] GONZÁLEZ D,PÉREZ J,MILANÉS V,et al. A review of motion planning techniques for automated vehicles [J]. IEEE Transactions on Intelligent Transportation Systems,2015,17,(4):1135-1145.

[2] KATRAKAZAS C,QUDDUS M,CHEN W H,et al. Real-time motion planning methods for autonomous on-road driving:State-of-the-art and future research directions [J]. Transportation Research Part C:Emerging Technologies,2015. 60:416-442.

[3] LAUMOND J P. Robot Motion Planning and Control [M]. Berlin:Springer,1998.

[4] BERGMAN K,AXEHILL D. Combining homotopy methods and numerical optimal control to solve motion planning problems [C]. Proc. 2018 IEEE Intelligent Vehicles Symposium (IV),[sl:sn],2018.

[5] 赫孝良,葛照强. 最优化与最优控制 [M]. 西安:西安交通大学出版社,2009.

[6] 龚建伟,姜岩,徐威 [M]. 无人驾驶车辆模型预测控制. 北京:北京理工大学出版社,2014.

[7] 陈鹏飞. 十七自由度车辆动力学仿真模型的研究 [D]. 武汉:华中科技大学,2011.

[8] LI B,SHAO Z. Time-optimal maneuver planning in automatic parallel parking using a simultaneous dynamic optimization approach [J]. IEEE Transactions on Intelligent Transportation Systems,2016,17 (11):3263-3274.

[9] LI B,SHAO Z. A unified motion planning method for parking an autonomous vehicle in the presence

of irregularly placed obstacles [J]. Knowledge-Based Systems, 2015, 86: 11-20.

[10] ZIEGLER J, STILLER C. Fast collision checking for intelligent vehicle motion planning [C]. Proc. 2010 IEEE Intelligent Vehicles Symposium (Ⅳ), [sl: sn], 2010.

[11] 李柏. 复杂约束下自动驾驶车辆运动规划的计算最优控制方法研究 [D]. 杭州: 浙江大学, 2018.

[12] LI B, ZHANG Y, ACARMAN T, et al. Trajectory planning for a tractor with multiple trailers in extremely narrow environments: A unified approach [C]. Proc. 2019 IEEE International Conference on Robotics and Automation (ICRA), [sl: sn], 2019.

[13] 洪伟荣. 大规模动态过程优化的拟序贯算法研究 [D]. 杭州: 浙江大学, 2005.

[14] BETTS J T. Practical Methods for Optimal Control and Estimation using Nonlinear Programming [M]. [sl], SIAM, 2010.

[15] BULIRSCH R, KRAFT D. Computational Optimal Control [M]. [sl], Birkhäuser, 2012.

[16] CHEN J, ZHAN W, TOMIZUKA M. Autonomous Driving Motion Planning With Constrained Iterative LQR [J]. IEEE Transactions on Intelligent Vehicles, 2019, 4, (2): 244-254.

[17] BIEGLER L T. An overview of simultaneous strategies for dynamic optimization [J]. Chemical Engineering and Processing, 2007, 46 (11): 1043-1053.

[18] BIEGLER L T, CERVANTES A M, WÄCHTER A. Advances in simultaneous strategies for dynamic process optimization [J]. Chemical Engineering Science, 2002, 57, (4): 575-593.

[19] 邵之江, 张余岳, 钱积新. 面向方程联立求解的精馏塔模拟与优化一体化算法 [J]. 化工学报, 48 (1): 46-51, 1997.

[20] BIEGLER L T. Nonlinear Programming: Concepts, Algorithms, and Applications to Chemical Processes [M]. [sl], SIAM, 2010.

[21] RAO A V. A survey of numerical methods for optimal control [J]. Advances in the Astronautical Sciences, 2009, 135 (1): 497-528.

[22] NOCEDAL J, WRIGHT S. Numerical Optimization [M]. Berlin: Springer Science & Business Media, 2006.

[23] BOGGS P T, TOLLE J W. Sequential quadratic programming [J]. Acta Numerica, 1995 (4): 1-51.

[24] WÄCHTER A, BIEGLER L T. On the implementation of an interior-point filter line-search algorithm for large-scale nonlinear programming [J]. Mathematical Programming, 2006, 106, (1): 25-57.

[25] SAFDARNEJAD S M, HEDENGREN J D, LEWIS N R, et al. Initialization strategies for optimization of dynamic systems [J]. Computers & Chemical Engineering, 2015, 78: 39-50.

[26] DENNIS J E, SCHNABEL R B. Numerical Methods for Unconstrained Optimization and Nonlinear Equations [M]. [sl], SIAM, 1996.

[27] FOURER R, GAY D, KERNIGHAN B. AMPL: A Modeling Language for Mathematical Programming [M]. [sl], Pacific Grove: Brooks/Cole-Thomson Learning, 2003.

[28] BHATTACHARYA S, KIM S, HEIDARSSON H, et al. A topological approach to using cables to separate and manipulate sets of objects [J]. International Journal of Robotics Research, 2015,

34(6): 799-815.

[29] RÖSMANN C, HOFFMANN F, BERTRAM T. Integrated online trajectory planning and optimization in distinctive topologies [J]. Robotics and Autonomous Systems, 2017, 88: 142-153.

[30] ZIEGLER J, BENDER P, DANG T, et al. Trajectory planning for Bertha—A local, continuous method [C]. Proc. 2014 IEEE Intelligent Vehicles Symposium (IV), [sl: sn] 2014.

[31] KANT K, ZUCKER S W. Toward efficient trajectory planning: The path-velocity decomposition [J]. International Journal of Robotics Research, 1986, 5(3): 72-89.

[32] GU T, SNIDER J, DOLAN J M, et al. Focused trajectory planning for autonomous on-road driving [C]. Proc. 2013 IEEE Intelligent Vehicles Symposium (IV), [sl: sn] 2013.

[33] HART P E, NILSSON N J, RAPHAEL B. A formal basis for the heuristic determination of minimum cost paths [J]. IEEE Transactions on Systems Science and Cybernetics, 1968, 4(2): 100-107.

[34] DIJKSTRA E W. A note on two problems in connexion with graphs [J]. Numerische Mathematik, 1959, 1, (1): 269-271.

[35] DOLGOV D, et al. Path planning for autonomous vehicles in unknown semi-structured environments [J]. International Journal of Robotics Research, 2010, 29(5): 485-501.

[36] REEDSAND J, SHEPP L. Optimal paths for a car that goes both forwards and backwards [J]. Pacific Journal of Mathematics, 1990(2): 367-393.

[37] LJUNGQVIST O, EVESTEDT N, AXEHILL D, et al. A path planning and path-following control framework for a general 2-trailer with a car-like tractor [J]. arXiv preprint, available online: arxiv.org/abs/1904.01651v2, 2019.

[38] MONTEMERLO M, et al. Junior: The stanford entry in the urban challenge [J]. Journal of Field Robotics, 2008, 25(9): 569-597.

[39] ZIEGLER J, STILLER C. Spatiotemporal state lattices for fast trajectory planning in dynamic on-road driving scenarios [C]. Proc. 2009 IEEE/RSJ International Conference on Intelligent Robots and Systems (IROS), [sl: sn], 2009.

[40] MCNAUGHTON M, URMOSON C, DOLAN J M, et al. Motion planning for autonomous driving with a conformal spatiotemporal lattice [C]. Proc. 2011 IEEE International Conference on Robotics and Automation (ICRA), [sl: sn], 2011.

[41] Li B, ZHANG Y. Fast trajectory planning for off-road autonomous driving with a spatiotemporal tunnel and numerical optimal control approach [C]. Proc. 2019 IEEE International Conference on Advanced Robotics and Mechatronics (ICARM), [sl: sn], 2019.

第3章 低速非结构化场景中的多车协同决策与规划方法

上一章介绍了单一智能网联汽车在非结构化场景中的决策与规划方法体系。如果场景中存在多辆可被集中调动的智能网联汽车,则需采取多车协同决策与规划技术[1]。本章将介绍如何形成适用于多智能网联汽车的轨迹决策以及如何建立并求解多车协同轨迹规划命题。本章以下部分将默认假设协同运动的智能网联汽车编队中包含 N_V 辆汽车($N_V > 1$)。

需要说明的是,多车协同轨迹决策问题规模会随着车队规模的增长而迅速增长,这将给完备、最优解法的设计造成难以避免的困难[2]。与提升轨迹决策方法完备性相比,本章内容更侧重于考虑如何在选定车辆绕行决策后高效地完成轨迹规划命题的数值求解任务。

3.1 协同轨迹决策与序贯轨迹决策

3.1.1 协同轨迹决策的困难

第2章曾提到,轨迹决策作为轨迹规划的前置环节限定了车辆最终从哪一侧绕行各运动或静止障碍物。在处理多车协同轨迹规划问题时,轨迹决策还额外决定着各智能网联汽车相互之间的绕行方式,因此轨迹决策是多车协同轨迹规划问题的重要前置环节。

与单一车辆的轨迹决策相比,多车轨迹决策不等价于各辆智能网联汽车轨迹决策的简单叠加[3]。假设场景中存在非协作障碍物 N_{obs} 个,在对单车进行轨迹决策时对应着 $2^{N_{obs}}$ 种绕行方式;然而在同时对 N_V 辆智能网联汽车进行轨迹决策时,绕行方式种类数骤增至 $2^{C_{N_V}^2} 2^{N_V N_{obs}}$,导致问题规模陷入维数灾难(curse of dimensionality)。从算法角度讲,以 2.4.5 小节介绍的 $X-Y-T$ 三维 A^* 算法为例,在同时对 N_V 辆智能网联汽车进行轨迹决策时,每一父节点至多可拓展 9^{N_V} 个子节点,这也会导致搜索陷入维数灾难。因此设计完备的协同轨迹决策算法是十分困难的。

3.1.2 简化协同轨迹决策问题的思路

由于实现严格意义上的协同轨迹决策涉及维数灾难，因此需要设法简化协同轨迹决策命题。一种自然的想法是，从绕行方式的所有方案中筛选出小部分优质方案，并从中选择某一种方案作为多车决策轨迹。遵循这一想法则需克服一系列技术困难，包括如何快速实现初步筛选、如何将布尔型的绕行方向决策翻译成时空连续性更强的多车决策轨迹。为了规避上述困难，另一种思路是，不再针对所有智能网联汽车同时进行轨迹决策，而是按照某一既定顺序对各智能网联汽车逐一实施轨迹决策，这种方法称为序贯轨迹决策[4]。

值得强调的是，在实施序贯轨迹决策时各车辆不应无视其他智能网联汽车的存在。以图3.1为例，如果各智能网联汽车均忽略同伴而独立决策，则各车辆都会选择经由通道1行驶至停泊区域（从运动时间最短或路径最短意义上考虑），但倘若各车辆均从通道1行驶则会在瓶颈处因排队而浪费时间。如果各车辆适当考虑其同伴的存在可能造成的状况，则部分车辆会选择经通道2分流，从而缓解通道1的通行压力，此时虽然部分车辆的行驶路径稍长，但是车辆编队完成任务的总体时间将有所减少。

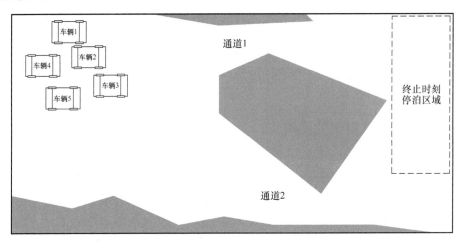

图3.1 一则在序贯决策中体现考虑协同伙伴意义的案例

为在序贯轨迹决策过程中支持考虑其他智能网联汽车的行驶情况，一种易于实施的想法是，对N_V辆智网联汽车进行优先级排序并据此逐一进行轨迹决策。在针对某一车辆i进行决策时，所有优先级更高的智能网联汽车都将被车辆i视为移动障碍物体。在图3.1所示的案例中，如果设置车辆i的优先级为i（$i=1,\cdots,5$）则可能使部分车辆决定从通道2绕行。

3.1.3 序贯轨迹决策中的优先级排序方法

针对各智能网联车辆进行恰当的优先级设置是实施序贯轨迹决策的关键，它直接决定了各车辆相互绕行方式以及它们分别绕行各障碍物的方式，决定了轨迹规划从庞大解空间中哪一个局部最优解附近邻域开始寻优，对协同轨迹规划质量影响深远。然而需要指出的是，①枚举全部的序贯决策优先级排序仍不能保证获得最优绕行方案，因为全排列种类数 $N_V!$ 远小于全部绕行方案种类数 $2^{C_{N_V}^2} 2^{N_V N_{obs}}$；②不同的决策优先级顺序可能对应相同的决策结果。以上因素导致基于优先级排序的序贯轨迹决策方法不具有完备性，这是该领域目前未能彻底解决的问题。本小节将提供一种简单的优先级排序方法，其他排序方法的研发工作可由读者继续完成。

为确定各智能网联汽车的序贯轨迹决策优先级，本书设计了以下具体步骤。第一步，针对编队中每一车辆分别进行独立的轨迹决策，需注意在此阶段各车辆只考虑环境中的障碍物，而无须考虑同伴的存在。第二步，在得到 N_V 辆智能网联汽车的决策轨迹后，我们按照某一指标 $Criterion_1$ 对 N_V 条决策轨迹进行排序，即得到按照指标递增及递减这两种排序方案，可将其记为 $rank_{ascending}$、$rank_{descending}$。第三步，我们从全部 $N_V!$ 种优先级排列方式中随机生成 ($N_{rank} - 2$) 种各不相同且不同于 $rank_{ascending}$、$rank_{descending}$ 的排序方案，将它们连同 $rank_{ascending}$、$rank_{descending}$ 记录在集合 Θ 中。至此，我们得到了 N_{rank} 种优先级排序方案，接下来只需从中筛选某一种优质的排序方案。第四步，依照这 N_{rank} 种排序方案分别实施序贯轨迹决策，在具体按照某种方案进行序贯决策的过程中，需注意高优先级车辆已生成的决策轨迹将被低优先级车辆当作移动障碍物而躲避。在分别对 N_{rank} 种排序方案完成实施后，我们按照某一指标 $Criterion_2$ 对该方案整体进行评价，并据此选用其中某一排序方案所对应的多车轨迹决策结果。

在第一步对各车辆进行独立轨迹决策时，可采取直接轨迹决策（$X - Y - T$ 三维 A^* 搜索）或路径+速度决策（混合 $A^* + S - T$ 图搜索）方式，本书选用 $X - Y - T$ 三维 A^* 搜索算法（即算法 2.3，见 2.4.5 小节）直接完成轨迹决策，这是因为①分别决策路径与速度会损失决策自由度，不利于保障轨迹决策质量，甚至会导致死锁现象；②算法 2.3 返回的适应度值可直接充当第二步所要求的决策轨迹衡量指标 $Criterion_1$，适应度值清晰地反映了轨迹决策任务的完成度以及完成质量。第四步涉及序贯轨迹决策时，我们仍选用算法 2.3 针对每一车辆分别进行轨迹决策。步骤四中各排序方案对应的 $Criterion_2$ 可设置为该方案下各车辆决策轨迹的适应度值之和。

3.1.4 序贯轨迹决策整体方案

综合以上各小节中的分析，现将以序贯方式实现多车轨迹决策的完整方法总结如下：

算法 3.1 基于序贯计算的多车轨迹决策算法.

输入：环境中障碍物形态及移动轨迹、多车始末位置、N_{rank} 等参数；

输出：多车决策轨迹；

1. 初始化集合 $\Psi = \emptyset$，$\Theta = \emptyset$；
2. **For each** $i \in \{1, \cdots, N_V\}$
3.   利用算法 2.3 对车辆 i 单独进行轨迹决策（考虑环境中的障碍物，但忽略其他网联车辆），将决策轨迹 χ_i 对应的适应度值 $fitness$ 记录在集合 Ψ；
4. **End for**
5. 将 Ψ 中的元素分别按照递增、递减排序，将排序方案记为 $rank_{ascending}$、$rank_{descending}$ 并记录于 Θ；
6. 初始化 $iter = 0$；
7. **While** ($iter < N_{rank} - 2$)，**do**
8.   随机生成 $\{1, \cdots, N_V\}$ 的排序方案 $rank_{trial}$；
9.   **If** $rank_{trial}$ 与 Θ 中已有元素不重复，**then**
10. $iter \leftarrow iter + 1$；
11.   将 $rank_{trial}$ 记录于 Θ；
12.   **End if**
13. **End while**
14. 初始化集合 $\Gamma = \emptyset$；
15. **For each** $rank_{current} \in \Theta$
16.   定义以原始环境中非协作障碍物轨迹为元素的集合 Ξ；
17.   初始化 $cost = 0$、集合 $\Gamma_{current} = \emptyset$；
18.   **For each** $car\_id \in rank_{current}$
19.   基于当前环境信息 Ξ，利用算法 2.3 对车辆 car_id 进行轨迹决策，返回决策轨迹 χ_{car_id} 及适应度值 $fitness$；
20.   更新 $cost \leftarrow cost + fitness$，并将决策轨迹 χ_{car_id} 保存于 $\Gamma_{current}$；
21.   将 χ_{car_id} 对应的车辆移动足迹补入 Ξ；
22.   **End for**
23.   将 $\Gamma_{current}$ 及 $cost$ 记录于 Γ；
24. **End for**
25. 从 Γ 中选择使 $cost$ 值最小的多车决策轨迹集合 $\Gamma_{current}$；
26. 返回 $\Gamma_{current}$.

从以上算法流程中不难发现，我们在算法 2.3（见 2.4.5 小节）中设置的容错搜索机制能够确保算法3.1在第3步以及第19步顺利执行下去。另一方面，算法2.3设置的适应度评价指标在决策任务完成程度、决策任务完成质量等方面具有很强区分度，而这正是多车序贯决策中所需的。

算法3.1在构造备选的排序方案集合 Θ 时，依据各车辆决策轨迹的适应度值构造了 $rank_{\text{ascending}}$、$rank_{\text{descending}}$ 这两种顺序。适应度值越大则决策轨迹对于既定行驶任务的完成度越低或者行驶行为越复杂，在序贯决策过程中优先处理或者拖后处理复杂因素直观上来讲都有一定道理，因此我们设置了 $rank_{\text{ascending}}$、$rank_{\text{descending}}$ 这两种顺序。算法2.1的Matlab源代码在 https：//github.com/libai2020/Sequential_Trajectory_Decision 给出。

3.2　协同轨迹规划命题的构建

本节将提供非结构化场景中多智能网联汽车协同轨迹规划命题的构建方法。在2.1节中我们已对单一智能网联汽车 i 进行建模，现需要下标 i 取遍所有协同行驶的车辆，即 $\forall i \in \{1,\cdots,N_V\}$。本节对于与2.1节重叠的模型部分只做扼要介绍，我们将着重描述多车协同轨迹规划问题中的差异部分。

在惯性坐标系 XOY 中，我们需要对 N_V 辆智能网联汽车进行轨迹规划。首先，各智能网联汽车的运动行为会受到微分方程组限制：

$$\frac{\mathrm{d}}{\mathrm{d}t}\begin{bmatrix} x_i(t) \\ y_i(t) \\ \theta_i(t) \\ v_i(t) \\ \phi_i(t) \end{bmatrix} = \begin{bmatrix} v_i(t)\cos\theta_i(t) \\ v_i(t)\sin\theta_i(t) \\ v_i(t)\tan\phi_i(t)/L_{\text{wi}} \\ a_i(t) \\ \omega_i(t) \end{bmatrix}, t \in [0,t_\text{f}], i = 1,\cdots,N_V \quad (3.1)$$

式中，L_{wi} 代表第 i 辆车的前后轮轴距，这意味着多车协同任务中支持对于各车辆几何参数的差异化设置。与单车情况相同，多车协同规划任务中应明确给出各车辆在起始时刻所处的运动状态：

$$[x_i(0),y_i(0),\theta_i(0),v_i(0),\phi_i(0)] = [x_{0i},y_{0i},\theta_{0i},v_{0i},p_{0i}], i = 1,\cdots,N_V \quad (3.2)$$

式中，$[x_{0i}, y_{0i}, \theta_{0i}, v_{0i}, p_{0i}]$ 是由车端传感器获得的客观运动状态数据。在终止时刻 t_f 需对每一车辆的运动状态进行限制，以常见的停泊于某矩形框内为例，则要求

$$PointInRect(\chi,P_{1i}P_{2i}P_{3i}P_{4i}),\chi \in \{A_i(t_\text{f}),B_i(t_\text{f}),C_i(t_\text{f}),D_i(t_\text{f})\}, i = 1,\cdots,N_V \quad (3.3\text{a})$$

式中，$P_{1i}P_{2i}P_{3i}P_{4i}$ 代表车辆 i 的停泊位置。为了实现稳定停泊，也需要对部分控制变量、状态变量进行约束：

$$[v_i(t_f), a_i(t_f), \phi_i(t_f), \omega_i(t_f)] = [0,0,0,0], i = 1,\cdots,N_V \quad (3.3b)$$

协同规划命题中的流形约束仍分为内在、外在限制两部分，车辆内在限制体现为

$$\begin{aligned} |v_i(t)| &\leq v_{\max i} \\ |a_i(t)| &\leq a_{\max i} \\ |\phi_i(t)| &\leq \Phi_{\max i} \\ |\omega_i(t)| &\leq \Omega_{\max i} \end{aligned}, t \in [0, t_f], i = 1,\cdots, N_V \quad (3.4)$$

式中，$v_{\max i}$、$a_{\max i}$、$\Phi_{\max i}$ 以及 $\Omega_{\max i}$ 体现了对于各车辆机械参数差异化设置的支持。外部碰撞躲避约束应首先保障各车辆与非协作式障碍物不相撞：

$$VehicleOutOfPolygon(A_i(t)B_i(t)C_i(t)D_i(t), V_{j1} \sim V_{jNP_j}) \quad (3.5a)$$
$$t \in [0, t_f], i = 1,\cdots, N_V, j = 1,\cdots, N_{obs}$$

外部碰撞躲避约束还应该保障各智能网联汽车相互之间不发生碰撞：

$$VehicleOutOfPolygon(A_i(t)B_i(t)C_i(t)D_i(t), A_j(t)B_j(t)C_j(t)D_j(t)),$$
$$t \in [0, t_f], i, j \in \{1, \cdots, N_V\}, i \neq j$$
$$(3.5b)$$

有时也会对式（3.5b）进行简化，采用双圆均匀覆盖每一智能网联汽车并要求各智能网联汽车所属的两个圆形不与其他智能网联汽车的任一圆形发生碰撞。具体而言，对于车辆 i 的轮廓 $A_iB_iC_iD_i$，可采用以点 (xr_i, yr_i) 及 (xf_i, yf_i) 为圆心、R_i 为半径的圆形覆盖（图3.2）：

$$(xr_i, yr_i) = \left(x_i + \frac{1}{4}(L_{wi} + L_{fi} - 3L_{ri})\cos\theta_i, y_i + \frac{1}{4}(L_{wi} + L_{fi} - 3L_{ri})\sin\theta_i\right)$$

$$(xf_i, yf_i) = \left(x_i + \frac{1}{4}(3L_{wi} + 3L_{fi} - L_{ri})\cos\theta_i, y_i + \frac{1}{4}(3L_{wi} + 3L_{fi} - L_{ri})\sin\theta_i\right)$$

$$R_i = \frac{1}{2}\sqrt{\left(\frac{L_{ri} + L_{wi} + L_{fi}}{2}\right)^2 + (L_{bi})^2}$$

$$(3.5c)$$

据此可建立简化的碰撞躲避约束条件：

$$\begin{aligned} (xr_i(t) - xr_j(t))^2 + (yr_i(t) - yr_j(t))^2 &\geq (R_i + R_j)^2 \\ (xf_i(t) - xf_j(t))^2 + (yf_i(t) - yf_j(t))^2 &\geq (R_i + R_j)^2 \\ (xr_i(t) - xf_j(t))^2 + (yr_i(t) - yf_j(t))^2 &\geq (R_i + R_j)^2 \\ (xf_i(t) - xr_j(t))^2 + (yf_i(t) - yr_j(t))^2 &\geq (R_i + R_j)^2 \end{aligned}, t \in [0, t_f], i, j \in \{1, \cdots, N_V\}, i \neq j$$

$$(3.5d)$$

在代价函数方面，多车协同任务要求对各车辆的专属惩罚项进行累加，则有

$$J_1 = \sum_{i=1}^{N_V} \left(\int_0^{t_f} \omega_i^2(t)\,dt\right) \quad (3.6a)$$

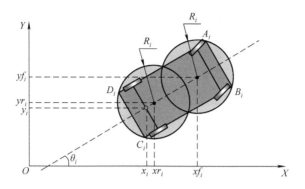

图 3.2　采用双圆覆盖车身并据此建立碰撞躲避约束

$$J_2 = \sum_{i=1}^{N_V} \left(\int_0^{t_f} a_i^2(t)\,dt \right) \quad (3.6\text{b})$$

$$J_3 = \sum_{i=1}^{N_V} \left(\sum_{j=1}^{N_{obs}} \left(\int_0^{t_f} e^{-\kappa_{i,j} \cdot d_{i,j}^2(t)}\,dt \right) \right) \quad (3.6\text{c})$$

与式（2.18）类似，式（3.6c）中的 $d_{i,j}(t)$ 用于表征 t 时刻车辆 i 与障碍物 j 几何中心的欧氏距离，它连同系数 $\kappa_{i,j} > 0$ 一起概略地反映车辆 i 与障碍物 j 之间的距离。与单一车辆情况相比，多车协同轨迹规划命题的代价函数额外要求各协同运动的智能网联汽车在运动过程中应尽量保持距离，即尽量避免生成各车辆之间擦身而过的轨迹。为此可定义惩罚项 J_4：

$$J_4 = \sum_{i=1}^{N_V-1} \sum_{j=i+1}^{N_V} \left(\int_0^{t_f} e^{-\kappa_{i,j} d_{i,j}^2(t)}\,dt \right) \quad (3.6\text{d})$$

式中，$d_{i,j}(t) = \sqrt{(x_i(t)-x_j(t))^2 + (y_i(t)-y_j(t))^2}$，概略地描述了车辆 i 与 j 的距离；系数 $\kappa_{i,j} > 0$，反映了我们对车辆 i 与 j 相互远离的期待程度。将上述性能代价多项式加权汇总，则有

$$J = w_1 J_1 + w_2 J_2 + w_3 J_3 + w_4 J_4 + w_5 t_f \quad (3.7)$$

式中，w_1、w_2、w_3、w_4、$w_5 \geq 0$ 为相应权重系数。

将以上内容整合起来，即得到多车协同轨迹规划任务对应的最优控制问题：

$$\begin{aligned}&\text{最小化式}(3.7),\\ &\text{s.t. 系统动态方程约束式}(3.1),\\ &\quad\text{两点边值约束式}(3.2),\text{式}(3.3),\\ &\quad\text{流形约束式}(3.4),\text{式}(3.5)\end{aligned} \quad (3.8)$$

求解这一问题，即寻找控制变量 $\boldsymbol{u}(t) = [a_1(t), \cdots, a_{N_V}(t); \omega_1(t), \cdots, \omega_{N_V}(t)]$ 以及终止时刻 t_f，在满足全部约束条件的前提下，使得代价函数取得极小值。

3.3 协同轨迹规划命题的求解

3.3.1 直接求解的困难

正如 2.2 节所介绍的，数值求解一个最优控制命题式（3.8）需要首先将其转化为 NLP 问题，随后在使用决策轨迹为初始解的基础上优化求解之。与单一车辆轨迹规划任务相比，多车协同规划命题的规模更庞大，且初始解质量不高，这些因素都可能导致相应 NLP 问题的收敛过程缓慢甚至失败。本节以下部分将提供一种适用于多车协同轨迹规划任务的数值优化收敛性提升策略。

3.3.2 自适应渐进约束初始化思想

暂且抛开多车协同轨迹规划任务不谈，求解一个困难 NLP 问题的过程可比作某人攀越陡坡的过程（图 3.3a）：①攀爬者当前所在的高度象征着初始解，坡顶象征着最优解，攀爬过程相当于从初始解迁移到最优解，即 NLP 寻优过程；②如果坡顶过高，人难以直接翻越过去，强行试图攀登斜坡会浪费时间，甚至有损身体健康，这象征着在初始解质量不高时，NLP 优化器的能力所限，直接求解会导致收敛缓慢甚至收敛失败的结果。

为了攀越陡坡，可沿着陡坡开凿凹陷的缓冲台阶，使得原本一次性攀登陡坡的行为被分解为一系列简单的局部攀爬任务，每两个相邻的局部攀爬任务跨度小，因此攀爬者能够逐步完成（图 3.3b）。将这一解决方案对应到求解一般 NLP 问题中，可以将原始 NLP 问题中的困难部分拆解，构成一系列难度递增的 NLP 子问题来逐一求解：每成功求解一个子问题后，所得到的最优解将被当作初始解，充当继续求解下一子问题的基础。通过这样的方式，可以将原始 NLP 问题的困难部分"稀释"在诸多 NLP 子问题中逐一瓦解，并使用初始化来巩固既有的"战果"[5-10]。我们将这一想法称为渐进约束初始化思想。

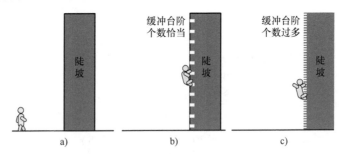

图 3.3 一则反映自适应渐进约束初始化方法效果的例子

我们针对上述攀爬任务进行深入讨论。与图 3.3b 相比，图 3.3c 设置了更密集的缓冲台阶，这样布置虽也可辅助攀爬过程，但开凿和跨越过多缓冲台阶会浪费时间。这意味着，为辅助 NLP 问题求解过程而设置的子问题个数不宜过少，但也不宜过多。实际上，与直观的攀爬过程相比，NLP 问题的求解过程远比翻越高墙任务更复杂，由于解空间维度高，约束条件非线性程度强，NLP 求解器的求解能力根本无法像图 3.3 那样直观地描述出来（也可以理解为图 3.3 中的攀爬者的运动能力在不同高度处具有很大差异，且变化规律事先未知）。因此，一般无法先验地将原始 NLP 问题的困难部分均匀、恰当地分担在各 NLP 子问题中。

为了使得 NLP 子问题能够恰当划分原始 NLP 问题中的困难，我们提出了一种自适应调节策略：首先基于某种简单规则形成一种 NLP 子问题划分方案，随后在逐一求解各个子问题的过程中收集求解效率的反馈，据此动态地调整待求解的 NLP 子问题序列[11]。具体而言，如果两个相邻的 NLP 子问题 $SubNLP_k$、$SubNLP_{k+1}$ 难度差距较大，NLP 求解器无法基于 $SubNLP_k$ 的最优解迅速完成 $SubNLP_{k+1}$ 的求解（相当于缓冲台阶 k、$k+1$ 之间差距过大），此时需要在两个子问题之间补充用于过渡求解难度的新的子问题；反过来，如果我们发现连续若干已完成求解的 NLP 子问题 $SubNLP_{k-10}$，$\cdots$，$SubNLP_k$ 都能得到迅速求解，则推测 $SubNLP_k$、$SubNLP_{k+1}$ 之间的难度差距也可能偏小，即便跳过 $SubNLP_{k+1}$ 仍能通过 $SubNLP_k$ 的最优解迅速直接求解子问题 $SubNLP_{k+1}$。这种在 NLP 子问题求解过程中通过收敛效率反馈来动态调整后续子问题难度的想法称为自适应渐进约束初始化思想，其中之所以提到"约束"字样，是因为 NLP 子问题与原始问题的本质区别在于约束条件被设置得更宽松。下一小节将具体介绍如何在多车协同轨迹规划任务中实现这一思想。

3.3.3 自适应渐进约束动态优化算法

本小节承接 3.3.1 小节介绍的自适应渐进约束策略，针对多车协同轨迹规划实际任务设计具体的辅助计算方法——自适应渐进约束动态优化（Adpatively and Progressively Constrained Dynamic Optimization，APCDO）算法。在命题（3.8）所对应的 NLP 问题中，主要困难体现在规模庞大且复杂的碰撞躲避约束条件以及代价函数上，其中实质性困难是由硬性的碰撞躲避约束条件导致的[12]。因此 APCDO 算法在对原始 NLP 命题中的碰撞躲避约束条件及代价函数进行大幅度简化之后，首先对硬性的碰撞躲避约束条件进行自适应渐进恢复，随后恢复代价函数部分。之所以优先恢复硬性约束，是因为它构成主要困难，应趁子问题规模较小且难度偏低的时机优先解决之。

为了构造易求解的一系列子问题，需要对命题（3.8）中的复杂部分进行简化处理。首先针对碰撞躲避约束，在采用双圆形方案的前提下，我们建立一种用于描述智能网联汽车之间碰撞躲避限制的条件：

$$(xr_i(t) - xr_j(t))^2 + (yr_i(t) - yr_j(t))^2 \geqslant (\gamma R_i + \gamma R_j)^2$$
$$(xf_i(t) - xf_j(t))^2 + (yf_i(t) - yf_j(t))^2 \geqslant (\gamma R_i + \gamma R_j)^2$$
$$(xr_i(t) - xf_j(t))^2 + (yr_i(t) - yf_j(t))^2 \geqslant (\gamma R_i + \gamma R_j)^2 \quad (3.9)$$
$$(xf_i(t) - xr_j(t))^2 + (yf_i(t) - yr_j(t))^2 \geqslant (\gamma R_i + \gamma R_j)^2$$
$$t \in [0, t_f], i, j \in \{1, \cdots, N_V\}, i \neq j$$

式中，标量 $\gamma \in [0, 1]$ 用于调控两个圆形的尺寸：当 $\gamma=0$ 时车辆收缩为两个相互之间相对位置固定的质点；当 $\gamma=1$ 时双圆达到额定尺寸，即车身刚好被双圆覆盖。其次针对命题（3.8）中的代价函数（3.7），现将其替换为 $J=t_f$。至此，我们可以建立一种通用的简化最优控制问题如下：

最小化 t_f，

s.t. 系统动态方程约束式(3.1)， (3.10)
两点边值约束式(3.2)，式(3.3)，
流形约束式(3.4)，式(3.5a)，式(3.5c)，式(3.9)

一般认为场景拥挤程度对应着碰撞躲避约束条件的困难程度，因此在相同场景、任务中进行计算时，如果智能网联汽车的几何尺寸较大则求解难度较高。基于这样的现实情况，APCDO 算法使用标量 γ 来调控各车辆的几何尺寸大小，从而构造一系列具有式（3.10）格式的难度自适应递增的（即 γ 自适应递增的）最优控制子问题。

APCDO 算法包含两个阶段，阶段 1 负责生成符合硬性的碰撞躲避约束的可行解，阶段 2 负责生成原始问题式（3.8）的最优解。

APCDO 算法在阶段 1 始于某一选定的 $\gamma_1 \in [0, 1)$，以及由轨迹决策环节生成的粗略轨迹解向量 χ_0。我们以 χ_0 为初始解求解 $\gamma=\gamma_1$ 条件下式（3.10）对应 NLP 子问题 1，γ_1 往往应设置得充分小，使得子问题 1 能够被成功求解。如果子问题 1 的求解失败，则整个算法将直接返回失败。如果子问题 1 求解成功，我们设置 $\gamma_{achieved}=\gamma$，将得到的最优解向量记录为 χ_1，并验证 χ_1 是否是 $\gamma=1$ 条件下 NLP 问题的可行解：如果是，可直接输出 χ_1 并跳转至阶段 2；如果 χ_1 不是原始问题的可行解，则应在阶段 1 之中继续迭代。接下来，我们将尝试求解 $\gamma=\gamma_{achieved}+\gamma_{step}$ 对应的子问题 2，其中 $\gamma_{step}>0$ 是子问题更新步长参数。如果子问题 2 求解成功，则保存这一最优解向量 χ_2，更新 $\gamma_{achieved}=\gamma$，并验证轨迹 χ_2 是否在 $\gamma=1$ 条件下可行；如果子问题 2 求解失败，则更新 $\gamma_{step} \leftarrow 0.5\gamma_{step}$，继续尝试 $\gamma=\gamma_{achieved}+\gamma_{step}$，并按照这样的方式持续进行下去。在子问题迭代求解过程中，如果有连续 $N_{succession}$ 个子问题得到成功求解，我们认为当前 γ_{step} 设置得偏小，进而更新 $\gamma_{step} \leftarrow 2\gamma_{step}$，因此直接反映子问题难度增长幅度的参数 γ_{step} 在整个迭代过程中会基于历史子问题收敛效果而动态调整。持续求解子问题失败往往会导致 γ_{step} 趋于 0^+，我们设置一个返回失败的阈值 $\varepsilon_{exit}>0$，一旦触发 $\gamma_{step} \leqslant \varepsilon_{exit}$，则整个 APCDO 算法返回失败。

阶段 1 的循环迭代在求得 $\gamma = 1$ 条件下的可行解 χ_{feasible} 为止，随后算法进入阶段 2。

在阶段 2，我们以 χ_{feasible} 为初始解，求解命题（3.8）对应的终极 NLP 问题。由于优化的起始点 χ_{feasible} 在终极 NLP 问题解空间的可行域内，因此求解难度不高，求解该问题后即可得到最终的多车协同运动轨迹。APCDO 算法的基本流程如下：

算法 3.2　APCDO 算法

输入：多车协同运动场景及任务，γ_0、$N_{\text{succession}}$、γ_{step}、$\varepsilon_{\text{exit}}$ 等参数，初始解 χ_0；
输出：命题（3.8）的数值最优解 χ_{optimal}；
1. 初始化 $iter = 0$，$counter = 0$；
2. **If**（$\gamma = \gamma_0$ 条件下的 NLP 子问题 1 求解失败），**then**
3. 　**Return** 失败；
4. **End if**
5. 设置 $\gamma_{\text{achieved}} = \gamma$，记录子问题 1 的最优解 χ_1；
6. **If**（χ_1 也是 $\gamma = 1$ 条件下的 NLP 子问题的可行解），**then**
7. 　将 χ_1 记为 χ_{feasible}；
8. 　跳转至第 37 行；
9. **End if**
10. **While**（1），**do**
11. 　$iter \leftarrow iter + 1$；
12. 　设置 $\gamma = \gamma_{\text{achieved}} + \gamma_{\text{step}}$；
13. 　**If**（$\gamma > 1$），**then**
14. 　　设置 $\gamma = 1$；
15. 　**End if**
16. 　以 χ_{iter-1} 为初始解，求解 γ 条件下的 NLP 子问题 $iter$；
17. 　**If**（求解 NLP 子问题 $iter$ 成功），**then**
18. 　　更新 $counter \leftarrow counter + 1$；
19. 　　记录最优解为 χ_{iter}；
20. 　　设置 $\gamma_{\text{achieved}} = \gamma$；
21. 　　**If**（χ_{iter} 也是 $\gamma = 1$ 条件下的 NLP 子问题的可行解），**then**
22. 　　　将 χ_{iter} 记为 χ_{feasible}；
23. 　　　跳转至第 37 行；
24. 　　**End if**
25. 　**Else**
26. 　　重置 $counter = 0$；
27. 　　更新 $\gamma_{\text{step}} \leftarrow 0.5\gamma_{\text{step}}$；

28. **End if**
29. **If** $counter \geq N_{\text{succession}}$，**then**
30.   更新 $\gamma_{\text{step}} \leftarrow 2\gamma_{\text{step}}$；
31.   重置 $counter = 0$；
32. **End if**
33. **If**（$\gamma_{\text{step}} < \varepsilon_{\text{exit}}$），**then**
34.   **Return** 失败；
35. **End if**
36. **End while**
37. 以 χ_{feasible} 为初始解，求解式（3.8）对应的 NLP 问题；
38. **If**（NLP 问题求解成功），**then**
39.   记录该问题的最优解为 χ_{optimal}；
40. **Else**
41.   **Return** 失败；
42. **End if**
43. 输出 χ_{optimal}；
44. **Return** 成功.

算法 3.2 中有以下几点值得注意：

1）引入判据 $\gamma_{\text{step}} < \varepsilon_{\text{exit}}$ 使得阶段 1 的 while 循环不会无限进行下去。

2）在阶段 1 中最后一次求解的 NLP 子问题未必对应 $\gamma = 1$ 条件，伪代码第 20 行的判断步骤能够确保一旦得到满足原始问题约束条件的结果即跳出 while 循环。

3）即便在阶段 1 最后一次求解的子问题对应 $\gamma < 1$ 条件，χ_{feasible} 仍保证是 $\gamma = 1$ 条件下式（3.10）问题的数值可行解，并且保证是最优解，并且一定是原始问题的最优解[13]。

3.3.4 进一步降低问题规模的方法

在上一小节所介绍的 APCDO 算法的阶段 1 中，需要不断迭代求解具有式（3.10）离散形式的 NLP 子问题，其中每一个子问题中均包含规模庞大的约束条件式（3.9），本小节将探讨如何简化 APCDO 算法在阶段 1 所需求解的 NLP 子问题规模。

约束条件式（3.9）要求所有智能网联汽车在整个协同运动时域 $t \in [0, t_f]$ 上相互之间都不允许相撞，然而未必所有智能网联汽车之间在每时每刻都存在着碰撞的机会。以图 3.4 所示的简单任务为例，智能网联汽车 1 与 2 的任务终点、起点均相隔较远，因此两车在时域 $[0, t_f]$ 中的最初一段时间里以及末尾一段时间里一定不可能相撞，据此可以分别在起始时刻 $t = 0$ 以及终止时刻 t_f 的某一邻域内将两车之间的碰撞躲避约束放心地去掉，这样不仅不会造成潜在碰撞风险，也能够大幅度降低 NLP 子问题的规模。这种解耦思想的雏形参见文献［3］或［7］，我们将成熟方法论的设计工作留给读者进一步完成。

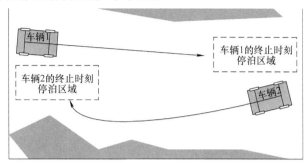

图 3.4　一则反映简化约束条件规模可行性的协同轨迹规划算例

3.4　仿真实验

本节针对本章中主要算法进行仿真实验，基本参数设置在表 3.1 中列出。

表 3.1　仿真实验基本参数设置

参数名称	基本含义	设置
$\Phi_{\text{max}i}$	车辆 i 前轮最大允许转弯角度（$i=1,\cdots,N_V$）	0.7 rad
$a_{\text{max}i}$	车辆 i 最大允许线加速度（$i=1,\cdots,N_V$）	0.5 m/s²
$v_{\text{max}i}$	车辆 i 最大允许线速度（$i=1,\cdots,N_V$）	2.5 m/s
$\Omega_{\text{max}i}$	车辆 i 前轮最大允许转弯角速度（$i=1,\cdots,N_V$）	0.5 rad/s
L_{wi}	车辆 i 前后轮轴距（$i=1,\cdots,N_V$）	2.8 m
L_{fi}	车辆 i 前悬距离（$i=1,\cdots,N_V$）	0.96 m
L_{ri}	车辆 i 后悬距离（$i=1,\cdots,N_V$）	0.929 m
L_{bi}	车辆 i 宽度（$i=1,\cdots,N_V$）	1.942 m
N_{rank}	算法 3.1 中的优先级排序方案个数	$\min(N_V!,10)$
$\kappa_{i,j}$	式（3.6c）或式（3.6d）中的距离系数	1.0
$[w_1,w_2,w_3,w_4,w_5]$	代价函数式（3.7）中的权重系数	$[0,1,0,0,0]$

我们在 40m×40m 的环境中随机布置了 N_{obs} 个移动障碍物（为方便建模，将 t_f 固定为 40 s），并在环境范围内随机指定 N_V 辆智能网联汽车的始末位姿，据此构建了非结构化场景中的多车协同轨迹规划命题。

不妨以 $N_{\text{obs}}=1$、$N_V=2$ 条件下的一则命题为例，经过数值优化的协同行驶轨迹如图 3.5（见彩插）所示。直观上来讲，各车辆运动轨迹符合车辆运动学规律，且平滑而优美。进一步地，我们可将规划轨迹与决策轨迹一并呈现在 $X-Y-T$ 三维状态空间中，并在空间中绘制移动障碍物的足迹（图 3.6，见彩插）。从图 3.6 中可以发现，各车辆绕行障碍物的规划轨迹与决策轨迹保持着同伦关系；而从两车规划轨迹的相对位置来看，它们相互绕行的方向也与二者对应的决策轨迹吻合。该结果佐证了我们在本章开头所做的论断，即初始解能够确定多车协同轨迹规划结果中的绕行方向。在更复杂条件下的协同轨迹规划结果分别在图 3.7～图 3.10（均见彩插）中展示。

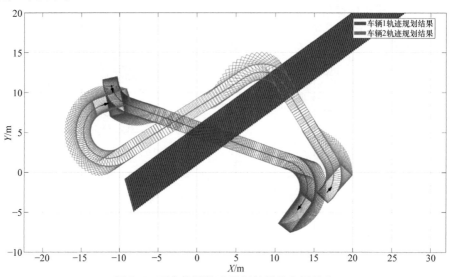

图 3.5　两车协同轨迹规划结果及车辆足迹

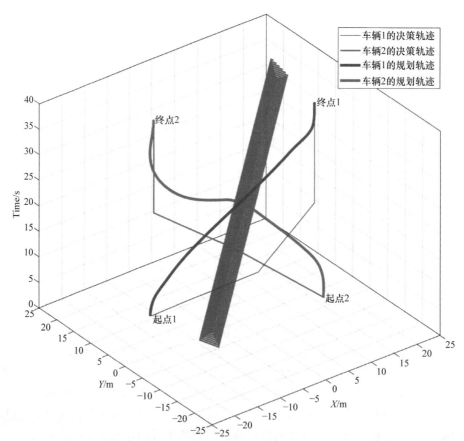

图 3.6　两车协同轨迹规划结果与轨迹决策结果在 X-Y-T 三维状态空间中的呈现

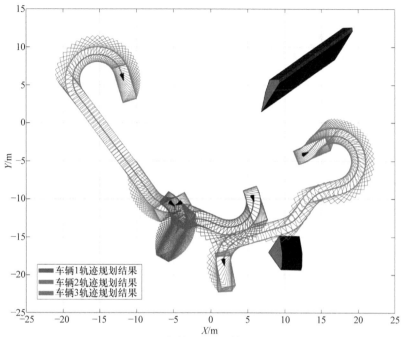

图 3.7　$N_{obs}=2$、$N_v=3$ 条件下的协同轨迹规划结果及车辆足迹

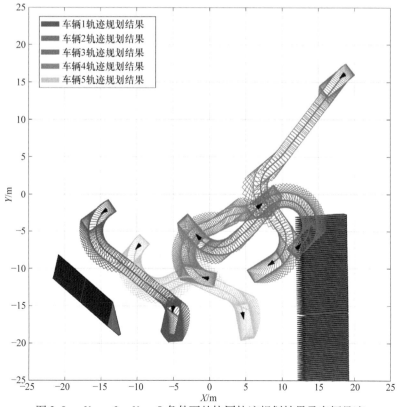

图 3.8　$N_{obs}=2$、$N_V=5$ 条件下的协同轨迹规划结果及车辆足迹

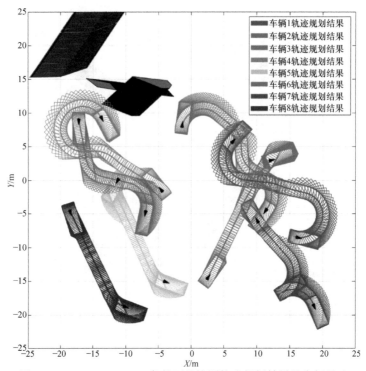

图 3.9 $N_{obs}=3$、$N_V=8$ 条件下的协同轨迹规划结果及车辆足迹

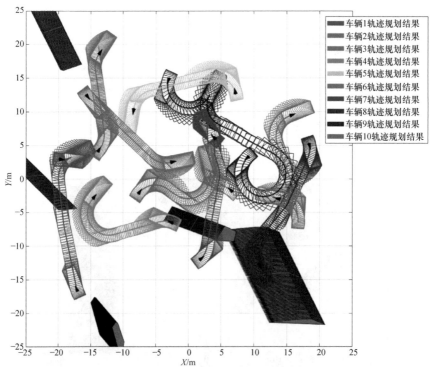

图 3.10 $N_{obs}=5$、$N_V=10$ 条件下的协同轨迹规划结果及车辆足迹

读者可使用手机扫描图 3.11 所示的二维码或访问 https：//www.bilibili.com/video/av70391580/观看典型协同轨迹规划算例的动态结果。完整实现序贯决策＋协同规划过程的 Matlab 示例在 https：//github.com/libai2020/Cooperative_Parking_Trajectory_Planning 给出。我们在该问题上的最新研究工作参见［14］。

图 3.11　本章主要仿真实验结果动态视频

参考文献

［1］SCHOUWENAARS T，MOOR B D，FERON E，et al. Mixed integer programming for multi‐vehicle path planning ［C］. Proc. 2001 European control conference（ECC），［sl：sn］，2001.

［2］CHEN M，FISAC J F，SASTRY S，et al. Safe sequential path planning of multi‐vehicle systems via double‐obstacle Hamilton‐Jacobi‐Isaacs variational inequality ［C］. Proc. 2015 European Control Conference（ECC），［sl：sn］，2015.

［3］LI B，ZHANG Y，SHAO Z，et al. Simultaneous versus joint computing：A case study of multi‐vehicle parking motion planning ［J］. Journal of Computational Science，2017（20）：30‐40.

［4］XU H，ZHANG Y，LI L，et al. Cooperative driving at unsignalized intersections using tree search ［J］. arXiv preprint，available at：https：//arxiv.org/abs/1902.01024，2019.

［5］Biegler L T. Nonlinear Programming：Concepts，Algorithms，and Applications to Chemical Processes ［M］. sl，SIAM，2010.

［6］LI B，SHAO Z，ZHANG Y，et al. Nonlinear programming for multi‐vehicle motion planning with Homotopy initialization strategies ［C］. Proc. 13th IEEE Conference on Automation Science and Engineering（CASE），［sl：sn］，2017.

［7］LI B，ZHANG Y，SHAO Z. Spatio‐temporal decomposition：A knowledge‐based initialization strategy for parallel parking motion optimization ［J］. Knowledge‐Based Systems，2016，107：179‐196.

［8］LI B，SHAO Z. An incremental strategy for tractor‐trailer vehicle global trajectory optimization in the presence of obstacles ［C］. Proc. 2015 IEEE International Conference on Robotics and Biomimetics（ROBIO），［sl：sn］，2015.

［9］LI B，et al. Optimal control‐based online motion planning for cooperative lane changes of connected and automated vehicles ［C］. Proc. 2017 IEEE/RSJ International Conference on Intelligent Robots and Systems（IROS），［sl：sn］，2017.

[10] LI B, ZHANG Y, ZHANG Y, et al. Cooperative lane change motion planning of connected and automated vehicles: A stepwise computational framework [C]. Proc. 2018 IEEE Intelligent Vehicles Symposium (IV), [sl: sn], 2018.

[11] LI B, ZHANG Y, ACARMAN T, et al. Trajectory planning for a tractor with multiple trailers in extremely narrow environments: A unified approach [C]. Proc. 2019 IEEE International Conference on Robotics and Automation (ICRA), [sl: sn], 2019.

[12] BABU M, et al. Model predictive control for autonomous driving based on time scaled collision cone [C]. Proc. 2018 European Control Conference (ECC), [sl: sn], 2018.

[13] LI B, JIA N, LI P, et al. Incrementally constrained dynamic optimization: A computational framework for lane change motion planning of connected and automated vehicles [J]. Journal of Intelligent Transportation Systems, 2019 (6): 557–568.

[14] LI B, OUYANG Y, ZHANG Y, et al. Optimal cooperative maneuver planning for multiple nonholonomic robots in a tiny environment via adaptive-scaling constrained optimization [J]. IEEE Robotics and Automation Letters, 2021 (6), 1511–1518.

第 4 章 结构化道路上的单一车辆决策与规划方法

本章将详细介绍单一智能网联汽车在结构化道路上的轨迹决策规划方法。与第 2 章设置目的相似，针对单一智能网联汽车的决策规划是多车协同决策规划的基础。结构化道路与非结构化场景的重要区别在于，车辆在结构化道路中行驶时受到指引线（reference line）的引导。本章将结合道路场景的特点介绍单一智能网联汽车的轨迹决策及轨迹规划方法。

4.1 结构化道路概述

4.1.1 指引线及其生成方法

在车辆决策规划意义下，指引线的存在是结构化场景区别于非结构化场景的重要特点。指引线一般是指在当前车道或道路为净空状态下能够使车辆高效地、优雅地完成行驶任务，且易被控制器跟踪的路径。换言之，在道路场景中不存在其他车辆或行人等障碍物的情况下，车辆的理想行驶路径即指引线。高质量的指引线有利于决策规划的准确实现，由于不同车辆的底盘属性不尽相同，因此我们认为每一智能网联汽车应拥有专属的指引线。本小节将介绍指引线的生成方法。

指引线的生成依赖一系列航路点（waypoint）的位置信息，据此可以将指引线生成任务转化为规划一条尽量抵近各航路点的平滑路径的任务。显然这一任务可描述为一个面向轨迹规划的最优控制问题，对其求解后，我们只需输出轨迹中的路径部分作为指引线即可。

不妨针对单一的智能网联汽车 i 进行指引线生成。首先，应从上游（例如导航模块）获取车辆 i 未来一段行驶路线（route）上的 (N_W+1) 个等间距有序航路点并将其记录于点集 $\Omega=\{(x_{wk},y_{wk})|k=0,\cdots,N_W\}$ 中。

第二步开始建立轨迹规划问题模型。我们假设所选取的一段路线是相对完整的，即车辆能够驶过路线上的始末两端航路点，据此我们设置边值条件：

$$[x_{w0},y_{w0},x_{wN_W},y_{wN_W}] = [x_i(0),y_i(0),x_i(t_f),y_i(t_f)] \quad (4.1a)$$

通过 (x_{w0},y_{w0})、(x_{w1},y_{w1}) 可以确定车辆在起始时刻 $t=0$ 的姿态角 $\theta_i(0)$，我

们采用以下隐式约束形式来描述这一边值条件：

$$(x_{w1} - x_{w0})\tan\theta_i(0) = y_{w1} - y_{w0} \tag{4.1b}$$

使用相同方法可对 $\theta_i(t_f)$ 进行限制：

$$(x_{wN_W} - x_{w(N_W-1)})\tan\theta_i(t_f) = y_{wN_W} - y_{w(N_W-1)} \tag{4.1c}$$

此外，需确定车辆 i 在该路线上平稳行驶的额定速度 $v_{nominal} > 0$（结合道路情况及历史经验提前确定），据此可添加以下边值约束：

$$[v_i(0), \phi_i(0), v_i(t_f), \phi_i(t_f), a_i(t_f), \omega_i(t_f)] = [v_{nominal}, 0, v_{nominal}, 0, 0, 0] \tag{4.1d}$$

车辆的运动学约束条件仍由公式（2.5）提供。流形约束仍分为内在及外在约束部分，内在部分仍体现为车辆机械特性限制〔即公式（2.11）〕，但外在约束不再限制碰撞躲避，而是限制车辆 i 在不同时刻与各航路点的差距：

$$[x_i(\tau) - x_{wk}]^2 + [y_i(\tau) - y_{wk}]^2 \leq \varepsilon_{range}^2, \quad k = 1, \cdots, N_W - 1, \quad \tau = k\frac{t_f}{N_W} \tag{4.2}$$

该式反映了我们限制车辆 i 的后轮轴中心点在按比例划分的时刻 $\tau(k)$ 与相应的第 k 个航路点 (x_{wk}, y_{wk}) 之间的欧氏距离不超过 ε_{range}，其中 ε_{range} 代表最大允许距离（图4.1）。

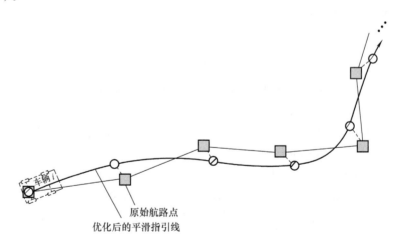

图4.1 指引线生成任务及其中限制车辆与相应航路点差距的流形约束

此外，我们要求车速在 $v_{nominal}$ 某一邻域内浮动：

$$|v_i(t) - v_{nominal}| \leq \varepsilon_{velocity}, \quad t \in [0, t_f] \tag{4.3}$$

这样做是为了增加车辆的行驶自由度及灵活性，防止所构建的命题无解或经求解得到扭曲路径。结合额定速度 $v_{nominal}$ 与路线里程可以粗略估算整个运动时域长度 t_{est}：

$$t_{\text{est}} = \frac{\sum_{k=1}^{N_{\text{W}}} \sqrt{(x_{\text{w}(k-1)} - x_{\text{w}k})^2 + (y_{\text{w}(k-1)} - y_{\text{w}k})^2}}{v_{\text{nominal}}} \quad (4.4)$$

据此我们可限制 t_f 在 t_{est} 的某一邻域内浮动:

$$|t_f - t_{\text{est}}| \leqslant \varepsilon_{\text{time}} \quad (4.5)$$

我们将代价函数 J 设置为使得行车轨迹尽量抵近各航路点,并且使得行驶过程平稳:

$$J = w_1 \sum_{k=1}^{N_{\text{W}}} \left[\left(x_i\left(\frac{t_f k}{N_{\text{W}}}\right) - x_{\text{w}k} \right)^2 + \left(y_i\left(\frac{t_f k}{N_{\text{W}}}\right) - y_{\text{w}k} \right)^2 \right] + w_2 \int_0^{t_f} \omega_i^2(t)\,\mathrm{d}t + w_3 \int_0^{t_f} a_i^2(t)\,\mathrm{d}t \quad (4.6)$$

式中,w_1、w_2、$w_3 > 0$,为权重系数。至此,面向平滑指引线生成的轨迹规划命题可建立为

$$\begin{aligned}
&\text{最小化式}(4.6), \\
&\text{s.t. 系统动态方程约束式 }(2.5), \\
&\quad\quad \text{边值约束式 }(4.1), \\
&\quad\quad \text{流形约束式 }(2.11),\text{ 式 }(4.2),\text{ 式 }(4.3), \\
&\quad\quad \text{点约束式 }(4.5)
\end{aligned} \quad (4.7)$$

第三步,我们通过 OCDT + IPM 的数值优化方法求解命题(4.7),即可得到一段平滑的轨迹,其中路径部分是我们所需的指引线。由航路点连成的路径连同额定速度值 v_{nominal} 可构成一条粗略轨迹,使用该轨迹初始化数值求解过程,可令上述数值优化过程迅速完成。生成指引线的环节与实际复杂路况无关,因而可离线或在线间歇触发,其计算时效性不构成困难。

命题(4.7)中的各项硬性约束条件本身均不难处理,但将它们组合起来后却存在着使命题无解的潜在风险,其中主要矛盾是运动学能力式(2.5)不足以令车辆遵循约束条件式(4.2)去足够抵近每一航路点行驶。为避免出现因航路点质量不高而导致式(4.7)无解情况发生,我们设计了一种不存在无解风险的备用命题。

备用命题是一个基于质点运动学模型的路径生成问题。与标准命题式(4.7)相比,备选模型旨在生成指引线路径而非轨迹,因此备选命题中的自变量可设置为里程 s。以下将详细介绍备用命题的建立与求解方法。

备用命题将非线性的车辆运动学模型式(2.5)简化为笛卡儿坐标系下的质点运动模型。质点运动模型将车辆后轮轴中心点 (x, y) 视为能够在平面上自由移动的质点。此时,如果函数 $x(s)$、$y(s)$ 充分平滑,那么 $(x(s), y(s))$ 对应的参数化轨线也会充分平滑,在道路场景中一般能够对应着易被车辆跟踪的平滑路径,我们将 $(x(s), y(s))$ 对应的参数化轨线作为备用命题最终输出的指引线。以 $x(s)$ 为例,为了确保 $x(s)$ 充分平滑,我们要求 $x(s)$ 三阶可微,即 $x'''(s)$ 存在。由于 $x(s)$

具有长度量纲,因此 $x'(s)$ 具有速度含义(即 $x(s)$ 在单位里程上的变化情况)、$x''(s)$ 具有加速度含义、$x'''(s)$ 具有 jerk 含义。$x'''(s)$ 存在意味着 $x''(s)$ 是连续的,间接保障了 $x(s)$ 的平滑性。具体而言,我们将 $x'''(s)$ 设置为分段常值形式的不连续函数,则 $x''(s)$ 是分段线性形式的连续函数,$x'(s)$ 是分段二次形式的连续函数,$x(s)$ 则是分段三次形式的连续函数。假设 $x'''(s)$ 具有以下分段形式:

$$x'''(s) = \mathrm{ddd}x_k, s \in [(k-1)\Delta s, k\Delta s], k = 1,2,\cdots$$

在给定边值 $x''(0)$、$x'(0)$、$x(0)$ 的前提下,可根据 Newton – Leibniz 公式逐段积分确定各状态变量的闭合形式:

$$x'''(s) = \mathrm{ddd}x_k,$$
$$x''(s) = x''((k-1)\cdot\Delta s) + \mathrm{ddd}x_k \cdot (s - (k-1)\cdot\Delta s),$$
$$x'(s) = x'((k-1)\cdot\Delta s) + x''((k-1)\cdot\Delta s)\cdot(s - (k-1)\cdot\Delta s) + \frac{1}{2}\cdot\mathrm{ddd}x_k(s-(k-1)\cdot\Delta s)^2,$$
$$x(s) = x((k-1)\cdot\Delta s) + x'((k-1)\cdot\Delta s)\cdot(s-(k-1)\cdot\Delta s) + \frac{1}{2}\cdot x''((k-1)\cdot\Delta s)\cdot(s-(k-1)\cdot\Delta s)^2 + \frac{1}{6}\cdot\mathrm{ddd}x_k(s-(k-1)\cdot\Delta s)^3,$$
$$s \in [(k-1)\cdot\Delta s, k\cdot\Delta s], k = 1,2,\cdots$$

(4.8a)

式中,一旦确定各分段区间上 $\mathrm{ddd}x_k$ 的取值,则 $x''(s)$、$x'(s)$ 以及 $x(s)$ 都可以唯一确定下来。类似地,针对 $y(s)$ 有以下等式约束:

$$y'''(s) = \mathrm{ddd}y_k,$$
$$y''(s) = y''((k-1)\cdot\Delta s) + \mathrm{ddd}y_k \cdot (s - (k-1)\cdot\Delta s),$$
$$y'(s) = y'((k-1)\cdot\Delta s) + y''((k-1)\cdot\Delta s)\cdot(s-(k-1)\cdot\Delta s) + \frac{1}{2}\mathrm{ddd}y_k\cdot(s-(k-1)\cdot\Delta s)^2,$$
$$y(s) = y((k-1)\cdot\Delta s) + y'((k-1)\cdot\Delta s)\cdot(s-(k-1)\cdot\Delta s) + \frac{1}{2}\cdot y''((k-1)\cdot\Delta s)\cdot(s-(k-1)\cdot\Delta s)^2 + \frac{1}{6}\cdot\mathrm{ddd}y_k\cdot(s-(k-1)\cdot\Delta s)^3,$$
$$s \in [(k-1)\cdot\Delta s, k\cdot\Delta s], k = 1,2,\cdots$$

(4.8b)

式中,一旦确定各分段区间上 $\mathrm{ddd}y_k$ 的取值,则 $y''(s)$、$y'(s)$ 以及 $y(s)$ 都可以唯一确定下来。这样的设置方式能够保障最终轨线是充分连续的,那么各分段区间上的 $\mathrm{ddd}x_k$、$\mathrm{ddd}y_k$ 究竟该如何取值呢?$\mathrm{ddd}x_k$、$\mathrm{ddd}y_k$ 是备用命题的决策变量,求解备用命题实际上就是求解一系列 $\mathrm{ddd}x_k$、$\mathrm{ddd}y_k$ 取值。在本小节以下部分,我们先来完整介绍备用命题的内容,随后给出求解方法。

备用命题除包含描述车辆运动规律的约束式（4.8a）、式（4.8b），还应包含与具体任务相关的约束条件以及代价函数。任务相关的约束条件是指"要求车辆与各航路点偏差不远"，以 $N_{fe} = n \cdot N_W$ 为例，要求每 n 段 $(x(s), y(s))$ 轨线的末端需要与对应的航路点相隔不远：

$$\begin{aligned} |x(nk\Delta s) - x_{wk}| \leq \varepsilon_{box} \\ |y(nk\Delta s) - y_{wk}| \leq \varepsilon_{box} \end{aligned}, k = 1, \cdots, N_W \quad (4.9)$$

式中，ε_{box} 是用于限制航路点与轨线端点之间距离的参数。

备用命题的代价函数用于反映①路径应尽量贴近航路点，以及②路径应充分平滑。对于①，不妨仍以 $N_{fe} = nN_W$ 为例，则有

$$J_1 = \sum_{k=1}^{N_W} \{[x(nk\Delta s) - x_{wk}]^2 + [y(nk\Delta s) - y_{wk}]^2\} \quad (4.10a)$$

此外，代价函数还应反映路径的平滑性需求：

$$J_2 = \sum_{k=1}^{N_{fe}} \{[x'''(k\Delta s)]^2 + [x''(k\Delta s)]^2 + [x'(k\Delta s)]^2 + [y'''(k\Delta s)]^2 + [y''(k\Delta s)]^2 + [y'(k\Delta s)]^2\} \quad (4.10b)$$

完整的代价函数定义为

$$J = w_1 J_1 + w_2 J_2 \quad (4.10c)$$

式中，w_1、$w_2 > 0$，是权重系数。根据以上内容可将指引线生成任务构造为一个最优控制问题，其中决策变量是 $x'''(k\Delta s)$ 以及 $y'''(k\Delta s)$（$k = 0, 1, \cdots, N_{fe}$），它们充分且必要地决定了指引线的走势。借鉴全联立离散化的思想，我们将 $x''(k\Delta s)$、$x'(k\Delta s)$、$x(k\Delta s)$、$y''(k\Delta s)$、$y'(k\Delta s)$、$y(k\Delta s)$ 同样作为决策变量，则构成了一个决策变量数目超出实际自由度数目的较大规模 NLP 问题。该 NLP 问题具有一些特殊的性质：①约束条件全部是线性的，并且②代价函数是二次函数——这种 NLP 问题被称为二次规划（Quadratic Programming，QP）问题。通过求解该 QP 问题即可得到整条指引线的闭合形式的分段参数化方程。除使用 IPM 求解该 QP 问题外，一般也会选用 QP 问题的专用求解器，如 OSQP[1]、qpOASES[2] 来更快完成求解。

对于备用命题，基于全联立策略建立的 QP 问题虽然规模庞大，但系统阶次低。经过笔者实际对比试验，求解全联立 QP 问题的耗时显著低于求解仅以 $x'''(k\Delta s)$、$y'''(k\Delta s)$ 为决策变量的命题。此外，备份命题中没有限制 $dddx_k$、$dddy_k$ 的取值，因此一定存在 $dddx_k$、$dddy_k$ 使得约束条件式（4.8）、式（4.9）同时得以满足。这意味着，我们建立的备用命题从理论上来讲一定有解。

标准命题式（4.7）的建立与求解过程与第 2 章内容相似，感兴趣的读者可在相关源码基础上自行实现。基于求解备选命题生成指引线的 Matlab 源码在 https：//github.com/libai2020/Reference_Line_Generation_Alternative 给出。

4.1.2 Frenet 坐标系及其弊端

在曲率允许范围内,一段道路的走势可以是任意弯曲变化的,我们难以找到一种统一的曲线形式描述道路边沿并据此建立碰撞躲避约束条件。为了简化建模,Werling 等人[3]于 2011 年将 Frenet 坐标系的概念引入结构化道路上的轨迹规划中。与笛卡儿坐标系中采用正交直线构建坐标系不同,Frenet 坐标系将指引线(曲线)设为横轴、以指引线的正交方向为纵轴方向[4]。显然,由于 Frenet 横轴方向随着里程变化,其相应纵轴方向也不断变化(图 4.2)。

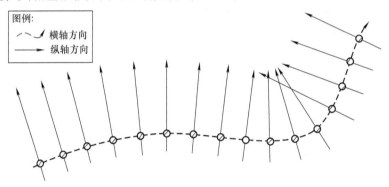

图 4.2 Frenet 坐标系的坐标轴

一个平面上的点可以在笛卡儿坐标系中表示为 (x,y),也可以基于给定的指引线在 Frenet 坐标系中表示为 (s,l),因此,(x,y) 与 (s,l) 相互对应。以下将分别介绍如何在给定 (x,y) 的条件下确定 (s,l),以及如何在给定 (s,l) 的条件下确定 (x,y)。

首先介绍如何将笛卡儿坐标转化为 Frenet 坐标。现假设有笛卡儿坐标系下的一段长度为 L 的参数化指引线,将其记为

$$\Gamma(x(s),y(s)), s \in [0,L] \tag{4.11}$$

式中,s 表示里程。已知点 P_0 在笛卡儿坐标系中的坐标为 (x_0, y_0),为了确定 P_0 点在 Frenet 坐标系上的坐标值,我们需要寻找在曲线段 Γ 上与 P_0 匹配的点 $P = (x(s^*), y(s^*))$ 并使线段 P_0P 长度最短,即

$$\arg\min_{s=s^*}(D(s)) \tag{4.12}$$

式中,$D(s)$ 表示 P 与 P_0 的欧氏距离:

$$D(s) = (x(s)-x_0)^2 + (y(s)-y_0)^2 \tag{4.13}$$

符合条件的 P 点能够使曲线在该点处的切线方向与 P_0P 方向垂直,如图 4.3 所示,P_0 在 Frenet 坐标系中的坐标可确定为 (s^*, l^*)。确定 P 点的关键在于计算 s^*,我们提供两种具体计算方案[5]。

第一种方法称为二阶最小化方法,其核心思想是通过多点采样对 $D(s)$ 进行二

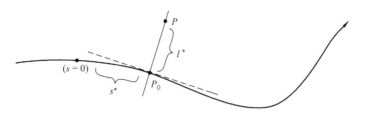

图 4.3 将笛卡儿坐标点投射在 Frenet 坐标系中

阶拟合,将拟合而成的二次函数 $\widetilde{D}(s)$ 视为 $D(s)$ 的估计,随后寻找使 $\widetilde{D}(s)$ 取最小值的闭合解。具体而言,第一步,在曲线上对 s^* 形成三个不同的初步估算值,分别将其记为 s_1、s_2 以及 s_3。第二步,应针对 $D(s)$ 实施二阶拟合,由于此时可以求出 $D(s)$ 在 s_1、s_2、s_3 处的函数值,可据此确定 $D(s)$ 的二阶拟合函数为

$$\widetilde{D}(s) = \frac{(s-s_2)(s-s_3)}{(s_1-s_2)(s_1-s_3)}D(s_1) + \frac{(s-s_1)(s-s_3)}{(s_2-s_1)(s_2-s_3)}D(s_2) + \frac{(s-s_1)(s-s_2)}{(s_3-s_1)(s_3-s_2)}D(s_3)$$
(4.14)

由于 $\widetilde{D}(s)$ 是二次函数,可通过初等数学知识对其求取极值 $\widehat{s}$:

$$\widehat{s} = \frac{1}{2}\frac{sq_{23}D(s_1)+sq_{13}D(s_2)+sq_{12}D(s_3)}{err_{23}D(s_1)+err_{13}D(s_2)+err_{12}D(s_3)}, err_{ij}=s_i-s_j, sq_{ij}=s_i^2-s_j^2 \quad (4.15)$$

第三步,需将 s_1、s_2、s_3 以及 $\widehat{s}$ 四个里程数值分别代入 $\widetilde{D}(s)$,选取对应函数值较大的三个里程值,将其重新记为 s_1、s_2、s_3 并重复第二步,迭代至 $\widehat{s}$ 收敛时将收敛值记为 s^*,至此可确定 P_0 在 Frenet 坐标系中的坐标为 $(s^*, D(s^*))$。在工程实践中,往往通过历史数据提前缩小 s^* 的存在范围,这种做法在曲线里程 L 较大时意义显著。假设我们限定 $s \in [s_k, s_{k+1}]$,则可将 s^* 的三个初始估计值设置为 s_k、s_{k+1} 以及 $\frac{s_k+s_{k+1}}{2}$。此时,如果最终 s^* 收敛至区间 $[s_k, s_{k+1}]$ 之外,则认为区间选取有偏差,应相应在相邻区间中重新进行 s^* 的迭代求解。

第二种方法称为牛顿法,其核心思想是以牛顿方法迭代求取使 $D'(s)=0$ 成立的极值 $s=s^*$。具体地,在提供 s^* 的某一初始值 s_{init} 后,我们进行以下迭代:

$$\widehat{s} = s_{\text{init}} - \frac{D'(s_{\text{init}})}{D''(s_{\text{init}})} \quad (4.16)$$

随后使用 $\widehat{s}$ 对 s_{init} 赋值并继续重复式(4.13),直至 $\widehat{s}$ 取值收敛时将收敛值记为 s^*。

第一种方法收敛速度快(超线性收敛[6]),但采用二阶拟合会造成求解精度损失;第二种方法因利用 $D(s)$ 二阶导数信息而具有较高求解精度,但收敛速度仅满足二次收敛[6]。在工程实践中可首先利用第一种方法获取粗略解,随后在其微小邻域内采用第二种方法进行精细计算。

将 Frenet 坐标向笛卡儿坐标的转换则相对简单。已知笛卡儿坐标系下的一段参数化指引线 $\Gamma(x(s), y(s))$，以及点 P_0 在 Frenet 坐标系中的坐标 (s^*, l^*)，为确定 P_0 点在笛卡儿坐标系中的坐标值，首先需确定 P_0 点在指引线上的投影点 $(s^*, 0)$ 处的指引线切线方向 θ^*：

$$\theta^* = \arctan\left(\frac{y'(s^*)}{x'(s^*)}\right) \tag{4.17}$$

随后即可确定 P_0 点在笛卡儿坐标系中的坐标 $\left(x(s^*) + l^* \cos\left(\theta^* + \frac{\pi}{2}\right), y(s^*) + l^* \sin\left(\theta^* + \frac{\pi}{2}\right)\right)$。

尽管使用 Frenet 坐标系能够消除因道路走势曲折而带来的建模困难，但随着 Frenet 坐标系的应用逐渐变得广泛，也凸显出其缺陷。

首先，Frenet 坐标系忽视指引线的曲率，所规划轨迹无法如实反映车辆的运动学能力。以图 4.3 为例，场景中的虚线代表指引线，指引线由圆弧构成且圆弧半径恰好为当前车辆的最小转弯半径。在车辆完美跟踪指引线时，该车辆不具备任何从左侧偏离指引线的能力，但在 Frenet 坐标系中难以精准描述车辆纵向行驶范围（一种能在 Frenet 坐标系下准确计算曲率的方法参见文献 [7]，但这种曲率表达式较为复杂）。

第二点，Frenet 与笛卡儿坐标系之间的坐标转换计算无法做到总是精准无误。仍以图 4.4 为例，将圆心点向指引线上投影，则投影点可以是圆弧段的任意一点，这导致圆心点在 Frenet 坐标系中的横坐标无法唯一确定，为规划带来了额外的困难。更本质地讲，只要多条纵轴相交（参见图 4.2）就会无可避免地出现转换点不唯一的情况，由于正常道路曲率一般不大，导致各纵轴交汇点在道路区域以外，因此这一现象并不明显，但坐标转换的隐患始终存在。

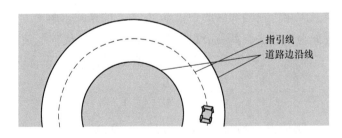

图 4.4　一则反映 Frenet 坐标系无法恰当考虑车辆运动能力的案例

总之，使用 Frenet 坐标系能够有效提升场景描述的泛化性，但在某些典型情况下也会导致决策规划结果存在缺陷。综合考虑建模效率与求解质量，我们决定在 Frenet 坐标系中进行轨迹决策，随后在笛卡儿坐标系中完成轨迹规划。

4.2 轨迹决策的生成

在进行轨迹规划之前,应通过轨迹决策环节确定车辆绕行其他非协作车辆的方式。面向结构化道路场景的轨迹决策方法包括直接轨迹决策方案以及路径+速度决策方案,虽然后者在自动驾驶领域占据主导地位[8,9],但本节将直接决策轨迹。在这一问题上我们认为:

1) 网联化、协同化是自动驾驶的发展趋势,路径速度解耦方案所损失的求解最优性与完备性将逐步升级为阻碍规划质量提升的主要矛盾。

2) 本节即将介绍的轨迹决策方法可经降维为路径决策、速度决策方法分别使用,对现阶段自主驾驶的研发仍有着参考意义。

在以下几小节中我们将具体介绍如何通过采样方法构造轨迹决策的离散型解空间、如何建立决策轨迹的评价体系以及如何筛选最优决策轨迹。

4.2.1 基于 T-S-L 分层采样的解空间构造

第 2 章 2.4.5 小节曾介绍了一种面向非结构化场景的轨迹决策方法,该方法构建了 X-Y-T 三维离散型解空间,并在其中进行节点搜索。该方法由于未能充分考虑车辆运动学模型,因此在处理复杂任务或拥挤场景时决策质量不高。与非结构化场景相比,车辆在结构化道路场景的运动行为更具规律性,本小节将结合道路场景的特点,介绍一种构建轨迹决策解空间的方法。

不妨假设轨迹决策的时域为 $t \in [0, t_{\text{decision}}]$,其中 t_{decision} 是固定的常数。我们将完整的决策时域 $[0, t_{\text{decision}}]$ 均匀地分割为 N_T 段,其中第 i 段对应着时间子区间 $t \in \left[\dfrac{t_{\text{decision}}(i-1)}{N_T}, \dfrac{t_{\text{decision}}i}{N_T}\right]$。进一步地,在第 i 段时间子区间上,假设车辆沿着指引线方向向前运动的里程为 S_i;在该时间子区间的终端时刻 $t = \dfrac{t_{\text{decision}}i}{N_T}$,车辆侧向偏移指引线的位移为 L_i。显然地,如果我们在 N_T 个时间子区间片段上分别确定好 S_i、$L_i (i=1,\cdots,N_T)$,那么直接将 Frenet 坐标系中的点 $\left(\sum_{k=1}^{i} S_k, L_i\right)$ 顺次衔接即对应着时域 $t \in [0, t_{\text{decision}}]$ 上的一条决策轨迹。换言之,通过确定一系列 S_i、L_i ($i = 1, \cdots, N_T$) 即可完成整个轨迹决策任务。至此,问题的焦点集中于如何求解这一系列的 S_i、L_i 值。

在任意一段时间子区间 i 上,S_i、L_i 可以取一定范围内的实数值,取值范围分别与车辆运动性能、道路宽度、车体宽度有关。显然 S_i、L_i 可能的取值有无穷多种。然而在轨迹决策阶段无须精准地求解 S_i、L_i,因此我们将 S_i、L_i 设置为离散型变量,其取值不再是区间中无穷多个实数中的一个,而是有限种备选数值中的一种。

如上文所言，S_i 表征着车辆在一段时间里前向运动的里程，显然 $S_i \in \left[0, \frac{t_{\text{decision}} v_{\max}}{N_T}\right]$，其中 $v_{\max}$ 代表允许的最大车速。我们在该区间上均匀采样 N_S 个数值，并将其记录在集合 $\Theta_S = \left\{\frac{t_{\text{decision}} v_{\max}}{N_T} \frac{(k-1)}{(N_S-1)} \mid k=1, \cdots, N_S\right\}$ 中，其中第 k 个元素 $\Theta_S(k)$ 对应着 $S_i = \frac{t_{\text{decision}} v_{\max}}{N_T} \frac{(k-1)}{(N_S-1)}$。

离散变量 L_i 的描述方式稍显复杂。以第 i 段时间子区间为例，在该时间子区间末端时刻，车辆在 Frenet 坐标系中的绝对里程值为 $\sum_{k=1}^{i} S_k$。不妨假设该里程处的横向偏移量允许取值范围是 $[\text{Llb}_i, \text{Lub}_i]$，这一区间由道路在该里程处的真实左右宽度分别收窄半个车宽而确定。我们在单位区间 $[0,1]$ 上均匀采样 N_L 个数值，并将其记录在集合 $\Theta_L = \left\{\frac{k-1}{N_L-1} \mid k=1, \cdots, N_L\right\}$ 中，其中第 k 个元素 $\Theta_L(k)$ 对应着偏移量 $L_i = \text{Llb}_i + (\text{Lub}_i - \text{Llb}_i) \Theta_L(k)$。为方便叙述，我们将其简记为 $\Theta_L^i(k)$。

至此，我们通过构造时间、里程以及偏移量格点，描述了结构化道路上轨迹决策的离散型解空间，通过在 N_T 个时间子区间上选择一种里程、偏移量的组合即可完成轨迹决策任务。由于在各时间子区间上选取 S_i、L_i 是完全独立的，因此整个离散型解空间由 $(N_S N_L)^{N_T}$ 个互不相同的解构成。

本小节介绍的轨迹决策解空间先对时间采样，随后分别采样里程与偏移量，因此可称为 $T\text{-}S\text{-}L$ 模型。最后需要说明的是，描述解空间的方式并不唯一，例如文献 [10] 采用 $S\text{-}L\text{-}V$ 模型也实现了同样效果（V 代表对速率采样），但我们认为 $T\text{-}S\text{-}L$ 方案更具直观性。

4.2.2 代价函数的设计

为了从解空间中的 $(N_S N_L)^{N_T}$ 个待选解中选出优秀的解，需要定义一套评价决策轨迹优劣的准则——代价函数。在自动驾驶业内，轨迹/路径决策中的代价函数需要体现安全性、舒适性、高效性。其中，安全性反映车辆的碰撞程度、潜在碰撞风险以及安全行驶习惯的违背程度；舒适性反映车辆横向、纵向速度变化幅度，以及当前决策周期的结果与上一周期结果的延续性；高效性则与车辆通行效率有关。本小节对代价函数只做基本介绍，读者可结合实际需要进一步丰富代价函数的内容。

在我们建立的代价函数中，安全性指标 $J_1(\chi)$ 仅用于惩罚备选决策轨迹 χ 的碰撞程度；舒适性指标 $J_2(\chi)$ 仅用于惩罚备选决策轨迹 χ 的横纵向速度变化情况；高效性指标 $J_3(\chi)$ 则鼓励备选决策轨迹 χ 在额定时域上行驶得尽量远。

在确定 $J_1(\chi)$ 时，我们将备选决策轨迹 χ 在 N_T 个时间子区间上分别按照更精

细的时间精度 $\Delta t_{\text{precise}} = \dfrac{t_{\text{decision}}}{N_T}$ 进行重采样。假设在第 i 个时间子区间上的第 j 个采样点是 $(t_{i,j}, s_{i,j}, l_{i,j})$，它对应着时刻 $t_{i,j}$ 车辆在 Frenet 坐标系中的唯一位姿（假设车辆始终与 Frenet 坐标系的 s 轴平行）。我们通过判断此时该位姿是否与道路边界或移动、静止障碍物重叠来确定 J_1 取值：

$$J_1 = \sum_i \sum_j \wp_{i,j},$$
$$\wp_{i,j} = \begin{cases} N_{\text{collision}}, & \text{如果}(s_{i,j}, l_{i,j}) \text{对应的位姿在} t_{i,j} \text{时刻发生碰撞} \\ 0, & \text{否则} \end{cases} \quad (4.18)$$

式中，$N_{\text{collision}} > 0$，是充分大的常数。

舒适性指标 J_2 用于惩罚决策轨迹的纵向里程、横向偏移量在不同时间子区间上频繁变化的情况，具体由纵向里程变化程度 $J_{\text{longitudinal}}$ 以及横向偏移量变化程度 J_{lateral} 组成：

$$J_2 = w_{\text{relative}} J_{\text{longitudinal}} + J_{\text{lateral}} \quad (4.19)$$

式中，w_{relative} 是反映纵向变化相对于纵向变化重要程度的相应权重系数；其中 $J_{\text{longitudinal}}$、J_{lateral} 分别定义如下：

$$J_{\text{longitudinal}} = \sum_i \left| \dfrac{S_i - S_{i-1}}{s_{\max}} \right| \quad (4.20\text{a})$$

$$J_{\text{lateral}} = \sum_i \left| \dfrac{L_i - L_{i-1}}{S_i} \right| \quad (4.20\text{b})$$

在式（4.20a）中，$s_{\max}$ 是指单一一个时间子区间上最大允许的局部行驶里程，其取值是上一小节中提到的 $\dfrac{t_{\text{decision}} v_{\max}}{N_T}$。式（4.20b）惩罚在小范围纵向距离上做大幅度横向偏移。特别地，如果出现 $L_i - L_{i-1} \neq 0$ 且 $S_i = 0$ 的情况，则 $J_{\text{lateral}} \to +\infty$，意味着对单纯侧滑行驶行为施加很大程度的惩罚。

高效性指标 $J_3(\chi)$ 的设置则显得简单：

$$J_3 = \dfrac{t_{\text{decision}} v_{\max} - \sum_{i=1}^{N_T} S_i}{t_{\text{decision}} \cdot v_{\max}} \quad (4.21)$$

最终，完整的代价函数表示为

$$J = w_1 \cdot J_1 + w_2 \cdot J_2 + w_3 \cdot J_3 \quad (4.22)$$

式中，$w_1, w_2, w_3 > 0$，为相应权重系数。

形如式（4.22）的代价函数用于反映备选决策轨迹的优劣，将轨迹的安全性、舒适性、高效性等多种因素叠加成为一个标量，它天然地具有不直观的缺陷。因此，代价函数的设计必须慎重。

作为代价函数设计的最重要原则，须保证代价函数所蕴含的惩罚层次与逻辑是合理的。以式（4.18）为例，合理的决策轨迹结果中不应出现碰撞，因此 $N_{\text{collision}}$

应该设置得足够大，使得不发生碰撞的待选决策轨迹的代价值比发生了碰撞的决策轨迹的代价值大。针对同样发生碰撞的两条待选决策轨迹，式（4.18）也能够概略地从碰撞持续时间长度进行区分：碰撞涉及的时间区间个数越少则惩罚数值越小；这反映出式（4.18）对碰撞发生与否以及碰撞程度都有区分度。如果说碰撞至少还是真实世界中可能出现的行驶行为，那么车辆在道路上纯侧滑（纵向位移为0，横向位移非0）则是正常行驶中不会发生的，因此式（4.20b）直接将凡是涉及纯侧滑的待选决策轨迹的代价值置为无穷大，这意味着我们会优先选择任意一条（哪怕是发生碰撞）的待选决策轨迹。

通过以上分析，我们希望读者在结合实际任务设计代价函数时应注意，对于待选决策轨迹的运动学可行性的保障力度（也就是惩罚力度）应设置得最大，其次才是对安全的保障，再其次是对于舒适性、行驶效率的追求。

代价函数的设计工作比本小节介绍的基本内容更加复杂。在不同场景中可能需要使用不同的参数设置，甚至是不同类型的代价函数子式。如何判断代价函数的切换时机，并且如何实现代价函数的柔性切换都值得进一步研究。此外，将代价函数设置为多项子式线性组合的形式不足以反映真实世界的强非线性规律，因此一些研究尝试搭建基于先验数据的模型来为待选决策轨迹打分，甚至以端到端的方式直接完成轨迹决策。

4.2.3 基于动态规划的决策寻优

在确定了轨迹决策的解空间及代价函数后，本小节将在解空间中依据代价函数搜索高质量的决策轨迹。

在非结构化场景中进行路径/速度/轨迹决策时，我们介绍了基于A^*的搜索方法，但是A^*方法不保证搜索结果的最优性（因为A^*搜索只要拓展到终止节点即结束，而不考虑当前拓展链路的最优性）。在结构化道路上，采样构成的解空间更具规律性，此时我们不满足于仅仅获得某一条代价函数值较低的决策轨迹，而是期望获得代价函数值最低的那一条决策轨迹。考虑到结构化场景中轨迹决策解空间具有顺序衔接的层次特点，我们引入一种能够实现最优决策的方案——动态规划（Dynamic Programming，DP）。

DP方法由Bellman于1957年提出[11]，其主要思想是将一个复杂的多阶段问题转化为多个相互关联的子问题，并确保每一子问题至多只被求解一次，从而避免重复求解同一问题而浪费资源。在我们关心的轨迹决策任务中，需要从N_T层时间区间上分别确定(S_i, L_i)，因此总共有$(N_S N_L)^{N_T}$种时空形态互不相同的决策轨迹。虽然所有决策轨迹是各不相同的，但是其中某些决策轨迹之间存在着部分相同的子结构。例如，在$N_T=3$条件下，决策轨迹由(S_1, L_1)-(S_2, L_2)-(S_3, L_3)确定；现有两条待选轨迹，其(S_1, L_1)-(S_2, L_2)数值完全相同，但(S_3, L_3)取值不同；如果分别独立地评估这两条待选轨迹的代价函数值，则进行了两次完全重复性的$(S_1,$

L_1)-(S_2,L_2)子区间的评估过程;随着 N_T 增大,这样的重复评估数量会爆炸式增长。DP 方法能够避免对任意一个时域子区间的评估被执行多于一次,从而在不丢失任何搜索最优性的前提下大幅度提升搜索效率。DP 方法的一种实现流程如下[10]。

算法 4.1 基于 DP 的轨迹决策.

输入:场景及轨迹决策任务,N_T、N_S、N_L 以及代价函数中的众多参数;

输出:依分辨率最优的决策轨迹 χ_{optimal};

1. **For each** $i \in \{1, \cdots, N_T\}$,**do** //初始化各(i,j,k)
2.   **For each** $j \in \{1, \cdots, N_S\}$,**do**
3.   **For each** $k \in \{1, \cdots, N_L\}$,**do**
4.   设置 $cost(i,j,k) = +\infty$;// $cost(i,j,k)$ 用于记录从起点到(i,j,k)为止部分轨迹的代价函数值
5.   设置(i,j,k)的父节点为(Null,Null,Null);
6.   **End for**
7.   **End for**
8. **End for**
9. **For each** $j \in \{1, \cdots, N_S\}$,**do** //确定第 1 层时域子区间上各节点的 $cost$ 值
10.   **For each** $k \in \{1, \cdots, N_L\}$,**do**
11.   在第 1 层时域子区间上设置 $S_1 = \Theta_S(j)$、$L_1 = \Theta_L^1(k)$;
12.   生成衔接起点与$(1,j,k)$的局部轨迹 τ;
13.   设置 $cost(1,j,k) = J(\tau)$;
14.   **End for**
15. **End for**
16. **For each** $i \in \{1, \cdots, N_T-1\}$,**do**//确定各层时域子区间上各节点的 $cost$ 值
17.   **For each** $j \in \{1, \cdots, N_S\}$,**do**
18.   **For each** $k \in \{1, \cdots, N_L\}$,**do**
19.   在第 i 层时域子区间上设置 $S_i = \Theta_S(j)$、$L_i = \Theta_L^i(k)$;
20.   **For each** $m \in \{1, \cdots, N_S\}$,**do**
21.   **For each** $n \in \{1, \cdots, N_L\}$,**do**
22.   在第$(i+1)$层时域子区间上设置 $S_{i+1} = \Theta_S(m)$、$L_{i+1} = \Theta_L^{i+1}(n)$;
23.   生成衔接(i,j,k)与$(i+1,m,n)$的局部轨迹 τ;
24.   **If** $cost(i+1,m,n) > cost(i,j,k) + J(\tau)$,**then**
25.   将 $cost(i+1,m,n)$ 更新为 $cost(i,j,k) + J(\tau)$;
26.   将$(i+1,m,n)$的父结点更新为(i,j,k);
27.   **End if**

28. End for
29. End for
30. End for
31. End for
32. End for
33. 选择使 $cost(N_T,i,j)$ 取值最小的 i、j；
34. 不断回溯 (N_T,i,j) 的父辈节点，直到遇到（Null，Null，Null）为止；
35. 将上述结点逆序排列形成 $\chi_{optimal}$ 并输出；
36. **Return** 成功．

DP 方法可以将遍历解空间的复杂度从枚举方法所需的 $O((N_S N_L)^{N_T})$ 降低至 $O(N_T(N_S N_L)^2)$，因此能够以较小的时间代价完成最优决策轨迹的搜索。最后，我们在 https://github.com/libai2020/On_Road_Single_Vehicle_Trajectory_Decision 给出完整实现轨迹决策的 Matlab 源代码。

4.3 轨迹规划命题的构建与求解

本节面向结构化场景中单一智能网联汽车的轨迹规划任务，在笛卡儿坐标系下建立了问题模型，随后完成求解。我们首先给出了基本问题形式，由于该命题规模庞大，直接对其求解耗时过长。为了提升轨迹规划实时性，我们提出了一种充分利用决策轨迹所提供信息的局部隧道化建模策略，并设计了配套的辅助求解算法。

4.3.1 基本命题模型及其弊病

我们将车辆轨迹规划任务描述为一个最优控制问题，以下将分别介绍其中的约束条件及代价函数。

车辆的运动学约束仍由式（2.5）构成，由于 $t=t_f$ 时刻不是宏观上整个行车过程的终点，因此将 t_f 设置为变量不再具有意义，我们将其固定为轨迹决策时域长度 $t_{decision}$ 的某一比例，即 $t_f = t_{decision}\gamma_{rate}$，其中 $0<\gamma_{rate}<1$，代表比例系数。

两点边值约束条件中的起点约束仍写为式（2.6）；终止时刻 $t=t_f$ 不是宏观上行车过程的终点，因此我们不对局部规划时域的末端进行硬性限制。

流形约束仍旧包含内在机械限制条件以及外在碰撞躲避约束条件，内部限制条件是式（2.11），并需额外限制 $v_i(t)\geq 0$；碰撞躲避约束用于描述车辆与障碍物、道路边沿不发生重叠。假设环境中包含 N_{obs} 个移动/静止障碍物、用于描述道路边沿的散点 N_{grids} 个（图 4.5）；假设散点存储于点集 $\wp = \{P_{gridi} | i=1,\cdots,N_{grids}\}$ 中，每一个多边形障碍物的顶点在每一时刻的位置信息存储于集合 $\xi(t) = \{Polygon_i(t) | i=1,\cdots,N_{obs}\}$。车辆 i 的碰撞躲避约束可写为

$$PointOutOfPolygon(\chi, A_i(t) \sim D_i(t)), \chi \in \wp, t \in [0, t_f] \quad (4.23a)$$
$$VehicleOutOfPolygon(A_i(t) \sim D_i(t), \chi), \chi \in \xi(t), t \in [0, t_f] \quad (4.23b)$$

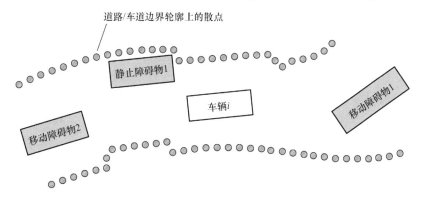

图 4.5 结构化道路上单车轨迹规划基本命题中的碰撞躲避约束

代价函数用于体现对于轨迹尽量平顺、尽量贴近决策轨迹的愿望。设决策轨迹是 $(x_{\text{decision}}(t), y_{\text{decision}}(t), \theta_{\text{decision}}(t))$，则针对车辆 i 的代价函数可写为

$$\begin{aligned} J = & w_4 \cdot \int_0^{t_f} \omega_i^2(t) \cdot dt + w_5 \cdot \int_0^{t_f} a_i^2(t) \cdot dt + \\ & w_6 \cdot \int_0^{t_f} ((x_{\text{decision}}(t) - x(t))^2 + (y_{\text{decision}}(t) - y(t))^2) \cdot dt + \\ & w_7 \cdot \int_0^{t_f} (\theta_{\text{decision}}(t) - \theta(t))^2 \cdot dt \end{aligned} \quad (4.24)$$

由于规划命题建立于笛卡儿坐标系中，因此若不使用上式中的第三、四项则无法体现车辆对道路走势的跟随效果，从而使运动行为显得不自然。

至此，完整的轨迹规划任务可描述为以下最优控制问题：

$$\begin{aligned} & \text{最小化式 (4.24)} \\ & s.t. \text{ 系统动态方程约束式 (2.5)} \\ & \quad\quad \text{边值约束式 (2.6)} \\ & \quad\quad \text{流形约束式 (2.11)，式 (2.15)，式 (4.23)} \end{aligned} \quad (4.25)$$

命题式 (4.25) 规模庞大，因此对其进行数值求解会消耗较长时间，无法满足道路行车需要。为了提升在线求解效率，我们考虑将问题模型中的碰撞躲避约束条件进一步简化。

4.3.2 基于隧道化建模的轨迹规划命题构建

以图 4.5 所示的场景为例，由于车辆 i 长度有限，因此它实际上不可能与所有散点或障碍物在每时每刻都有可能发生碰撞，显然碰撞躲避约束式 (4.23) 中包含着大量冗余部分。本小节将采用隧道化建模方法来简化碰撞躲避约束条件的规模与复杂程度。

正如我们在第 2 章 2.5.2 小节中介绍的，隧道化建模方法借助决策轨迹信息铺设时间空间上的局部隧道，将车辆实际可行驶区域与环境中的障碍物分隔开。这一想法在较早期曾出现于无人机航迹规划领域[12]，通过铺设一系列多面体区域，要求无人机在不同时间子区间上处于各多面体区域内，即可实现碰撞躲避约束条件的简单建模。然而这一方案无法直接应用于地面上的自动驾驶任务，原因是地面驾驶场景一般不会足够宽敞到能够将车身简化为一个质点或球体，这意味着可能出现车身不同部分处于不同多面体的复杂情况。为了解决这个问题，一个自然的想法是采用多个质点表示车身，并针对每一个质点构造专属的局部隧道[13]。以下将进行详细介绍。

首先，我们按照第 3 章 3.2 节介绍的方法将矩形车体用两个半径为 R_i 的圆形均匀覆盖，结合决策轨迹对应的车辆状态 $(x_{\text{decision}}(t), y_{\text{decision}}(t), \theta_{\text{decision}}(t))$ 以及式 (3.5c) 可确定两圆圆心的运动轨迹，分别记为 $P_r = (xr(t), yr(t))$、$P_f = (xf(t), yf(t))$。至此，"车身不与障碍物相撞" 转化为 "P_r、P_f 与周围障碍物至少保持距离 R_i"。如果我们能够给出 P_r、P_f 的取值范围，使得 "P_r、P_f 与周围障碍物至少保持距离 R_i" 的条件成立，那么这些取值范围就可以完全取代式 (4.23)。

第二步，结合数值优化中的离散化精度参数 N_{fe}，我们对规划时域 $[0, t_f]$ 均匀采样 $(N_{\text{fe}} + 1)$ 个时刻，其中第 k 个时刻为 $t_k = t_f(k-1)/N_{\text{fe}}$。针对其中每一采样时刻，确定此时 P_r、P_f 的位置，并通过在其周围增量式拓展的方式（稍后详细介绍）确定局部隧道，即以下由简单边界构成的不等式（图 4.6）：

$$
\begin{aligned}
x_{\text{r\_lb\_k}} &\leq xr(t_k) \leq x_{\text{r\_ub\_k}} \\
y_{\text{r\_lb\_k}} &\leq yr(t_k) \leq y_{\text{r\_ub\_k}} \\
x_{\text{f\_lb\_k}} &\leq xf(t_k) \leq x_{\text{f\_ub\_k}} \\
y_{\text{f\_lb\_k}} &\leq yf(t_k) \leq y_{\text{f\_ub\_k}}
\end{aligned}
\tag{4.26}
$$

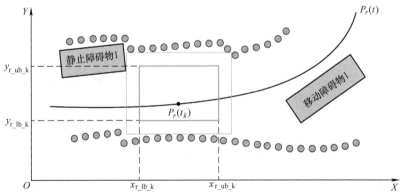

图 4.6　隧道化建模方法中的局部隧道示意图（以 $P_r(t_k)$ 为例，对应式 (4.26)）

第三步，将式（4.25）中补充约束式（3.5c）并按照简单前向差分方法离散化为 NLP 问题后，将其中碰撞躲避约束条件部分置换为式（4.26），即构成了简化的轨迹规划 NLP 命题（以下称为 P_{NLP0}）。以决策轨迹为初始解，采用 IPM 求解 P_{NLP0} 即对应着行车轨迹。需要说明的是，我们采用前向差分离散化方法而非第 2 章 2.2.1 小节介绍的 OCDT 方法，是为了尽量简化模型非线性程度，为在规划的实时性提供更充分保障。虽然不再使用 OCDT 方法，但我们在进行前向差分时仍旧使用全联立离散化策略。

现在来介绍局部隧道的生成办法。不妨以第 k 个采样时刻的采样点 $P_r(t_k)$ 为例，首先需要确定场景中各移动障碍物在 $t=t_k$ 时刻所在位置，连同静止障碍物、道路边沿线上的散点一并记录在集合 V 之中。随后，以点 $P_r(t_k)$ 为中心，向 X、Y 轴正负方向分别拓展长度 R_i，构成一个以 $P_r(t_k)$ 为几何中心的矩形（图 4.7a，见彩插）。如果矩形与集合 V 中的元素发生重叠，则判定隧道构建直接失败；否则进行下一步。下一步，我们按照顺时针方向分别沿着该矩形的四条边不断向外扩张距离 $\Delta step$，直到扩张部分与集合 V 中的元素发生碰撞为止。如图 4.7b（见彩插）所示，我们将依序号由小到大探索各个局部矩形区域是否发生碰撞：如果未发生碰撞，则将扩张部分合并入矩形，否则放弃该扩张部分并不再继续扩张该方向。在四个方向上均终止扩张后，将此时的矩形（图 4.7c，见彩插）四边向中心收缩长度 R_i，则得到针对 $P_r(t_k)$ 的局部隧道区域（图 4.7d，见彩插）。

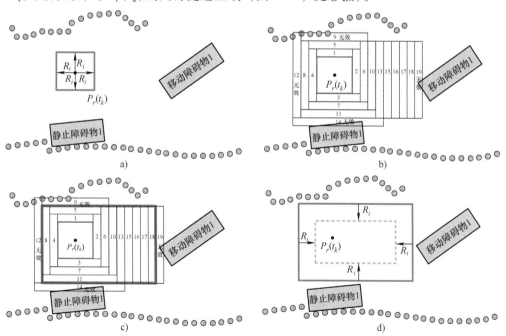

图 4.7　隧道化建模方法中的局部隧道构造方式（以 $P_r(t_k)$ 为例）

4.3.3 进一步提升求解效率的方法

上一小节介绍的 P_{NLP0} 构造方式中,最重要的改变是将原本与环境复杂程度直接相关的碰撞躲避约束全部转化为规模固定的简单边界约束,无论场景中障碍物有多少个,形如式(4.26)的约束条件始终会有 $2(N_{\text{fe}}+1)$ 组——这是保障求解稳定性的重要性质。

即便如此,式(4.26)仍旧是非凸约束。这是因为额外引入的 P_r、P_f 与优化变量 x_i、y_i、θ_i 构成非线性关系(参见式(3.5c))。除了直接求解非凸 NLP 问题 P_{NLP0} 之外,本小节提供了进一步提升求解效率的方案。

我们发现,P_{NLP0} 中的非凸非线性约束条件包括车辆运动学模型式(2.5)以及定义 P_r、P_f 相对位置的式(4.26)。现将 $xr(t)$、$yr(t)$、$xf(t)$ 以及 $yf(t)$ 一并作为优化变量,将式(2.5)与式(4.26)改造为外罚多项式。以式(2.5)中的第一条微分方程为例,则外罚多项式写为 $\int_{\tau=0}^{t_f}(x_i'(\tau)-v_i(\tau)\cos\theta_i(\tau))^2\mathrm{d}\tau$。将完整的外罚多项式直接取代 P_{NLP0} 的代价函数,则可以将 P_{NLP0} 改造为一个约束条件全部是线性的简单 NLP 问题,以下称其为 P_{NLP1}。命题 P_{NLP1} 中的线性约束条件都是简单边界约束,因此该 NLP 命题一定有解,这也使得 IPM 求解 P_{NLP1} 的速度一般会快于 P_{NLP0}。在完成对 P_{NLP1} 的求解后,我们将这一最优解记为 χ,并沿着该最优解重新按照上一小节介绍的方式铺设局部隧道。

下一步,我们构造这样一个新的 NLP 问题——P_{NLP2},其代价函数与 P_{NLP0} 一致,其约束条件包含了 P_{NLP1} 的全部约束条件(但隧道摆放位置已有所变化)以及式(2.5)、式(3.5c)的离散化形式。以 χ 为初始解,使用 IPM 求解 P_{NLP2} 即得到轨迹规划结果。

我们之所以将 P_{NLP0} 拆解为 P_{NLP1} 与 P_{NLP2},是因为 P_{NLP0} 中存在着硬性的车辆运动学约束、硬性的碰撞躲避约束以及依代价函数寻优这三项须同时完成的任务,因此直接求解难度大。在 P_{NLP1} 中,我们暂时忽略代价函数式(4.24),在轻松确保不碰撞的前提下,专注于获得"尽量"符合运动学规律的结果。随后,P_{NLP2} 则在要求运动学可行性必须恢复的前提下,专注于最小化式(4.24)。通过这样的设计,我们期望更多参与掌控优化过程,而不仅仅是将 P_{NLP0} 丢给求解器自行处理。与构建 P_{NLP1} 思路相似的文献包括文献[14]、[15],它们借助局部线性化(一阶 Taylor 展开)将这一过程做了更为细致的分解。

4.4 轨迹规划在线求解能力保障方案

与非结构化场景相比,道路场景中的车辆与周边静止物体的相对运动速度较大,因此轨迹规划环节的有效性与时效性显得尤为关键。在理想情况下,轨迹规划环节应保障：①当命题有解时迅速提供最优解；②当命题无解时进行准确判断，并提供尽量合理的备选方案。本节分别从降低模型规模、降低任务难度、规避求解失败风险方面为在线轨迹规划提供保障。

4.4.1 离散化精度渐变方案

在将最优控制问题转化为 NLP 问题的过程中，精度渐变方案是指将完整的时域 $[0,t_f]$ 不均匀地分割为若干时间子区间，且其中近期子区间长度较远期子区间长度短。与均匀离散化方案相比，非均匀离散化能够在 NLP 问题规模不变的前提下使得时刻值较小的时间片段上的模型精度高。

在道路场景中存在诸多静止或移动障碍物，一般认为感知模块对运动前方较远处障碍物的追踪、识别更不准确；另一方面，对于周围非协作式车辆进行轨迹预测时，未来较远时刻的预测结果更不可靠。由于感知与预测信息的置信度随着时间衰减，将完整时域 $[0,t_f]$ 均匀离散化无法体现未来不同时刻的感知预测置信度差异。因此，离散化精度渐变方案在道路行车任务中意义明确。

现扼要介绍一种子区间长度线性增长的离散化方案。在对完整运动时域 $[0,t_f]$ 进行离散化时，设运动时域被切分为 N_{fe} 个子区间。我们要求各子区间长度线性增长，设第一个子区间长度为 L_{basic}，相邻子区间长度差距为 ΔL，则第 k 个子区间长度为 $L_{basic}+(k-1)\Delta L(k=1,\cdots,N_{fe})$。在确定 ΔL 的前提下，根据各子区间长度总和为 t_f 可以确定 L_{basic} 取值，即

$$\sum_{k=1}^{N_{fe}}(L_{basic}+(k-1)\Delta L) = L_{basic}N_{fe} + \Delta L \frac{(N_{fe}-1)N_{fe}}{2} = t_f \quad (4.27)$$

因此有

$$L_{basic} = \frac{t_f}{N_{fe}} - \frac{(N_{fe}-1)\Delta L}{2} \quad (4.28)$$

倘若 t_f 不固定，一般不会将 ΔL 设为某一常值，而是按照 t_f 长度某一特定比例 α 选取 $\Delta L = \alpha t_f$，并确保将其代入式（4.28）后 $L_{basic}>0$，因此要求

$$\alpha < \frac{2}{N_{fe}(N_{fe}-1)}, N_{fe}>1 \quad (4.29)$$

此外，根据初等数学知识可以确定第 k 个子区间的起始时刻 t_k：

$$t_k = \left(L_{basic} + \left(\frac{k-1}{2}\right)\Delta L\right)(k-1), k=1,\cdots,N_{fe} \quad (4.30)$$

除将子区间长度设为等差数列外，也可以采用其他精度逐渐降低的方案。

4.4.2 多完成度冗余计算方案

轨迹规划命题未必总能成功完成求解，其原因可归为两类：①命题本身有解但因求解器存在瑕疵而计算失败；②命题本身无解。轨迹规划命题求解失败会使车辆

处于危险状态之中（图4.8）。为应对这种突发危险，应布置一些更简单的行车任务，寄希望于得到"退而求其次"的备用轨迹。

在行车过程中的每一计算周期内，除开展正常轨迹规划之外，也并行地规划一系列储备轨迹。以图4.8为例，正常轨迹规划车辆i在t_f时刻大致运动到区域A，可以设置储备命题1为车辆i仅需循指引线行驶的宽松任务，设置储备命题2为使得车辆就近停靠路边的应急任务。在正常轨迹规划因某种原因失败时，我们检查储备命题1是否能够求解成功，如成功则将其作为规划环节的结果下发，否则进一步检查行车完成程度更低的储备命题2。

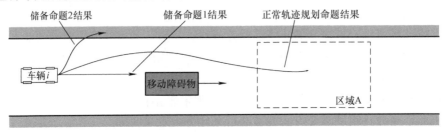

图4.8 轨迹规划命题多完成度冗余计算方案

4.4.3 基于在线查表的紧急避险方案

在道路场景行驶途中，如果行驶前方近距离突然出现显著变化时（例如突然出现行人），可能导致正常轨迹规划命题连同上一小节中提前设置的备选命题全部无解；即使其中某一规划命题能够求解，紧急突发的道路状况也来不及规划。此时需要一种能够生成"应激性"轨迹的方案。

查表法是一种利用存储空间换取计算效率的方法，该方法要求离线准备数据表并在线迅速调用。具体而言，在离线建表过程中，将车辆处于各种工况下的全部加速踏板以及制动操作组合按一定精度遍历并记录车辆实际运动轨迹；当触发在线查表时，按照当前车况查询到所有可能的车辆操纵组合并从中选择使行驶风险较小的车辆操纵指令直接下发实施。

4.5 仿真实验

本节将提供本章所介绍算法的仿真实验结果，基本参数设置参见表4.1。

表4.1 仿真实验基本参数设置

参数名称	基本含义	设置
Φ_{max}	车辆前轮最大允许转弯角度	0.7rad
a_{max}	车辆最大允许线加速度	5.0m/s^2
v_{max}	车辆最大允许线速度	20m/s

（续）

参数名称	基本含义	设置
$\Omega_{\max}$	车辆前轮最大允许转弯角速度	1.0 rad/s
L_w	车辆前后轮轴距	2.8 m
L_f	车辆前悬距离	0.96 m
L_r	车辆后悬距离	0.929 m
L_b	车辆宽度	1.942 m
n	指引线生成备用命题中有限元个数与航路点个数所成比例	3
$[w_1, w_2]$	指引线生成备用命题中式（4.10c）涉及的权重系数	[1, 1]
ε_{box}	指引线生成备用命题中式（4.9）涉及的距离阈值	0.2 m
t_{decision}	轨迹决策的时域长度	10.0 s
$[N_T, N_S, N_L]$	轨迹决策的各层结点数目	[5, 7, 8]
$\Delta t_{\text{precise}}$	轨迹决策中的时域重采样分辨率	0.05 sec
$N_{\text{collision}}$	轨迹决策代价函数子式（4.18）中的惩罚因数	10000
w_{relative}	轨迹决策代价函数子式（4.19）中的相对权重系数	1
$[w_1, w_2, w_3]$	轨迹决策代价函数式（4.22）中的权重系数	[1, 1, 10]
γ_{rate}	轨迹规划与轨迹决策时域长度转换比例系数	0.8
$[w_4, w_5, w_6, w_7]$	轨迹规划代价函数式（4.24）中的权重系数	[100, 1, 0.01, 0.1]
N_{fe}	轨迹规划命题的有限元个数	161
$\Delta step$	局部隧道化建模方案中的单位扩张长度	0.1

首先对 4.1.1 小节补充介绍的指引线生成备用方案进行仿真实验。我们以布朗运动方式随机设置 N_W 个等间隔航路点，在 $N_W = 20$、$N_W = 100$ 条件下给出了基于 QP 模型的指引线路径结果（参见图 4.9、图 4.10）。图中这些路径形态平滑，且抵近各航路点。

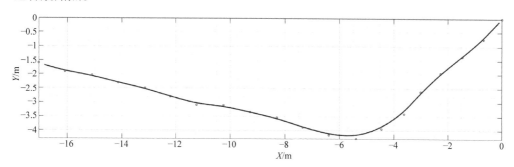

图 4.9 一则 $N_W = 20$ 条件下的指引线生成备用方案求解结果（图中 o 代表航路点，下同）

进一步地，我们对上述备用问题的求解耗时进行研究。我们分别在不同 N_W 取值条件下随机生成 1000 个具体算例，并调用 IPM 求解这些 QP 问题。求解结果统计在表 4.2 中列出。不难看出，QP 问题的求解成功率高、稳定性好、耗时短。因此在工程中经常采用构造 QP 形式问题来描述路径/速度规划任务。

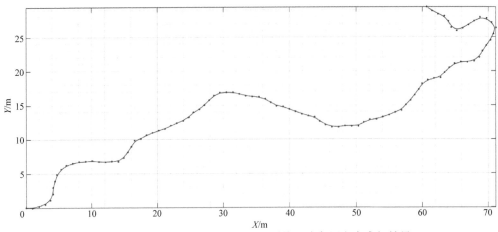

图 4.10　一则 $N_W=100$ 条件下的指引线生成备用方案求解结果

表 4.2　指引线生成备用命题求解效率统计结果

参数设置	CPU 时间/s			求解成功率
	平均值	最大值	最小值	
$N_W=20$	0.148	0.184	0.140	100%
$N_W=100$	0.185	0.260	0.172	100%
$N_W=200$	0.232	0.313	0.215	100%
$N_W=500$	0.374	0.606	0.335	100%
$N_W=1000$	0.602	0.672	0.546	100%

接下来，我们构造了一个包含右转与掉头路线的场景，并设置边值条件 $[x_i(0),y_i(0),\theta_i(0),\phi_i(0),v_i(0)]=[0,-0.78,0,0.18,20]$。首先，我们在场景中随机布置了两辆静止车辆来构成算例 1。我们采取 4.3.3 小节介绍的方法对其求解，得到行车轨迹如图 4.11 所示。除有效躲避碰撞之外，该轨迹在驶入掉头区域之前向反方向偏移，是为了腾出更多时间、空间裕度来优雅地完成掉头行驶。这体现了基于数值优化来规划轨迹的优越性：在确保避障、符合车辆运动学规律的前提下，得到行驶行为尽量平缓优美的结果。

我们来进一步剖析算例 1 的求解过程。我们在图 4.12（见彩插）中同时绘制了决策轨迹以及分别求解 P_{NLP1}、P_{NLP2} 的结果。可以发现，决策轨迹在掉头区域的局部轨线近乎圆弧，这不符合实际车辆运动学模型（毕竟前轮转角 $\phi_i(t)$ 无法突变），这说明如果在 Frenet 坐标系下进行规划会生成不易跟踪的轨迹。与第二次求解 P_{NLP2} 得到的最终结果相比，第一次求解 P_{NLP1} 的结果体现了对于车辆运动学规律的符合，但未能充分体现轨迹的优美感，这些都与我们算法设计时的预想契合。在第二次求解 P_{NLP2} 时，虽然此时代价函数期待规划结果尽量贴近决策轨迹，但由于 w_5、w_6 取值较小，轨迹平顺性占据主要因素。图 4.13（见彩插）展示了基于决策轨迹首次铺设的局部隧道情况，局部矩形隧道的位置成功避开了障碍物，且与障碍物保持一定距离，这与我们的设计理念是吻合的。此外，我们在场景中随机布置两辆运动车辆来构成算例 2，图 4.14 展示了上述轨迹规划算法也能够有效处理运动障碍物体。

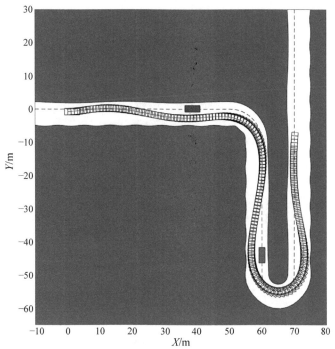

图 4.11 算例 1 轨迹规划结果及车辆足迹

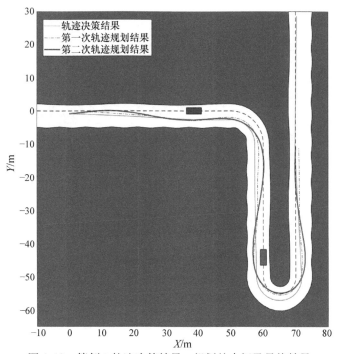

图 4.12 算例 1 轨迹决策结果、规划的中间及最终结果

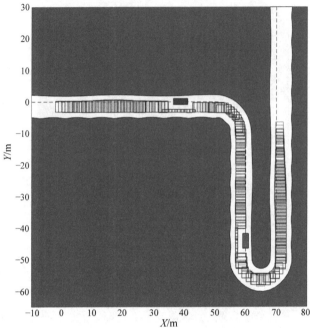

图 4.13 算例 1 基于轨迹决策结果铺设的时空隧道，其中绿色矩形框是 P_f 点对应隧道，蓝色矩形框是 P_r 点对应隧道

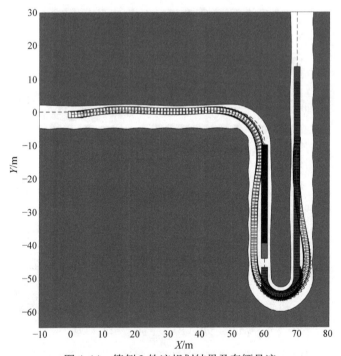

图 4.14 算例 2 轨迹规划结果及车辆足迹

以上仿真实验的动态结果可使用手机扫描图 4.15 所示的二维码或访问 https://www.bilibili.com/video/av70391580/观看。本章主要轨迹规划算法的源代码参见 https://github.com/libai2020/On_Road_Single_Vehicle_Trajectory_Planning。

图 4.15 本章主要仿真实验结果动态视频

参考文献

[1] STELLATO B, BANJAC G, GOULART P, et al. OSQP: An operator splitting solver for quadratic programs [C]. Proc. 12th UKACC International Conference on Control, [sl: sn], 2018.

[2] FERREAU H J, KIRCHES C, POTSCHKA A, et al. qpOASES: A parametric active-set algorithm for quadratic programming [J]. Mathematical Programming Computation, 2014, 6 (4): 327-363.

[3] WERLING M, ZIEGLER J, KAMMEL S, et al. Optimal trajectory generation for dynamic street scenarios in a frenet frame [C]. Proc. 2010 IEEE International Conference on Robotics and Automation (ICRA), [sl: sn], 2010.

[4] 申泽邦,雍宾宾,周庆江,等. 无人驾驶原理与实践 [M]. 北京: 机械工业出版社, 2019.

[5] WANG H, KEARNEY J, ATKINSON K. Robust and efficient computation of the closest point on a spline curve [C]. Proc. 5th International Conference on Curves and Surfaces, [sl: sn], 2002.

[6] LUENBERGER D G, YE Y. Linear and Nonlinear Programming [M]. sl, Addison-Wesley, 1984.

[7] BARFOOT T D, CLARK C M. Motion planning for formations of mobile robots [J]. Robotics and Autonomous Systems, 2004, 46 (2): 65-78.

[8] XU W, WEI J, DOLAN J M, et al. A real-time motion planner with trajectory optimization for autonomous vehicles [C]. Proc. 2012 IEEE International Conference on Robotics and Automation (ICRA), [sl: sn], 2012.

[9] FAN H, et al. Baidu apollo EM motion planner [J]. arXiv preprint, available online: https://arxiv.org/abs/1807.08048, 2018.

[10] XU W, PAN J, WEI J, et al. Motion planning under uncertainty for on-road autonomous driving [C]. Proc. 2014 IEEE International Conference on Robotics and Automation (ICRA), [sl: sn], 2014.

[11] BELLMAN R. A Markovian decision process [J]. Journal of Mathematics and Mechanics, 1957,

679-684.

[12] LIU S, WATTERSON M, MOHTA K, et al. Planning dynamically feasible trajectories for quadrotors using safe flight corridors in 3D complex environments [J]. IEEE Robotics and Automation Letters, 2017, 1688-1695.

[13] LI B, ZHANG Y. Fast trajectory planning in Cartesian rather than Frenet frame: A precise solution for autonomous driving in complex urban scenarios [C]. Proc. 21st IFAC World Congress, [sl: sn], 2020.

[14] CHEN J, ZHAN W, TOMIZUKA M. Autonomous driving motion planning with constrained iterative LQR [J]. IEEE Transactions on Intelligent Vehicles, 2019, 244-254.

[15] SUN Z, LI Q, LI B, et al. A successive linearization in feasible set algorithm for vehicle motion planning in unstructured and low-speed scenarios, unpublished.

第 5 章 结构化道路上的多车协同决策与规划方法

第 4 章介绍了单一智能网联汽车在结构化道路场景中的决策与规划方法，如果道路上存在多辆可被集中调动的智能网联汽车，则可以实现多车协同行驶。本章将介绍如何在道路场景中针对包含 N_V 辆智能网联汽车的编队进行协同轨迹决策与规划（$N_V > 1$）。

5.1 轨迹决策的生成

与第 3 章情况类似，多车协同轨迹决策问题的规模随着 N_V 的增加而迅速增长，很难设计出能够保障完备性和最优性的决策方案。我们将沿用 3.1.4 小节提出的序贯决策计算框架来完成多车协同决策任务，其中针对单一车辆的决策需使用 4.2 节提出的基于采样和 DP 搜索的方式实现。与非结构化场景相比，道路场景中一般不允许车辆倒退行驶，这意味着算法 3.1 未能准确体现车辆运动学模型的劣势得以削弱，因此也可以直接使用算法 3.1 实现序贯轨迹决策。

5.2 轨迹规划命题的构建

5.2.1 主要协同行驶场景分析

在结构化道路上，面向车辆编队的协同行驶任务主要包括协同变更车道[1]、协同避让高优先级车辆[2]、协同通过无信号灯交叉路口[3]以及协同汇入车流[4]。我们认为车辆编队协同通过无信号灯交叉路口的任务足以代表上述四种协同行驶任务，其原因如下：

1）设立道路上多车协同行驶任务的本质诉求是化解因各车辆可通行区域严重重叠而造成的通行效率低下困难，而无信号灯交叉路口是体现各车辆可通行区域重叠的最典型场景。

2）与协同通过无信号灯交叉路口的任务相比，协同避让高优先级车辆任务不能充分体现平等协同的意义，且是一种出现频次较低的特殊任务。

3）协同汇入车流任务以及协同变更车道任务是协同通过无信号灯交叉路口任务的简化版本。

4）在协同通过无信号灯交叉路口能力得以充分施展的前提下，道路上一般将不需要变更车道行为，因此协同变更车道任务不具有代表性。

基于以上考虑，本节聚焦于无信号灯交叉路口场景，我们将其他场景的建模工作留给有兴趣的读者尝试。交叉路口有多种类型，我们将以其中最典型、最常见的类型——平面十字交叉路口为例，构建面向多智能网联汽车的协同轨迹规划任务模型。

5.2.2　无信号灯平面十字交叉路口场景的可通行区域

为方便叙述，我们建立一个平面坐标系 OXY，不妨以平面十字交叉路口场景中相互垂直的两条道路的中心线为 X 轴、Y 轴，以中心线交点为原点 O 来构建坐标系。将十字路口周围街区（Block1、Block2、Block3 和 Block4）放置在坐标系的四个象限中充当矩形障碍物，从而实现基本的场景布置。如图 5.1 所示，设路口场景中的单方向路宽一律为 L_{road_width}，街区长度一律为 L_{street_length}，据此可以唯一确定各矩形障碍物所在位置。除矩形外，也可以将街区设置为平行四边形来描述斜交叉路口。但无论使用矩形还是平行四边形布置路口场景，均意味着与路口衔接的路段都是理想的直段而非弯曲路段。我们之所以不再考虑弯曲路段，除建模的简洁性之外，也考虑到以下因素：

1）未来真正适合开展多智能网联汽车协同行驶的测试及运营场景往往是新搭建的，为了整体技术方案的顺利进展而针对性地布置场景是完全可能的。

2）即便未来可能会在现有十字路口场景中开展协同行驶业务，现有的城市路口也很少由弯曲路段衔接，毕竟弯曲路段会因驾驶员视野受限而诱发交通事故。

在路口场景中，每一辆智能网联汽车并不同时与全部四块街区存在碰撞机会，这是因为各车辆按照驶入路口的方向及通行意图可进一步限制其可通行区域，而至多只有一个街区矩形在其可通行区域内。以下我们将详细阐述可通行区域的概念。

如图 5.1 所示，车辆可从东、南、西、北 4 个方向驶入路口，而从每个方向驶入路口的车辆可以按照左转、直行、右转这 3 种方式驶出路口，因此所有试图通过路口的车辆可按照以上行为特征分为 12 类，我们将包含相应类别车辆编号的指标集依次定义为 A_1、A_2、A_3、B_1、B_2、B_3、C_1、C_2、C_3、D_1、D_2、D_3，显然任何一辆智能网联汽车属于且仅属于上述 12 个集合中的一个，所有子集合的并集是 $\{1,\cdots,N_V\}$。

我们首先来考虑自西向东驶入路口的情况，在图 5.1 中它们对应着 A_1、A_2、A_3 类别的车辆。在整个运动时域 $[0, t_f]$ 上，这三类车辆的可行驶区域如图 5.2 所示。以 A_3 为例，我们首先要求这一类别中的智能网联汽车始终保持在直线 $y=0$ 的下方、直线 $x=0$ 的左侧区域内，由于该区域存在矩形 Block4，因此 A_3 类车辆额

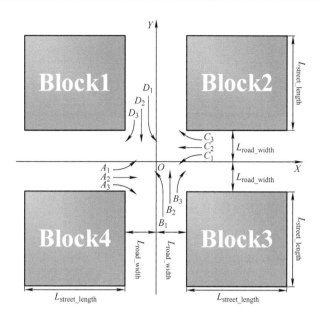

图 5.1　无信号平面十字交叉路口场景示意图

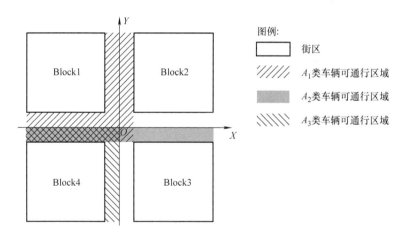

图 5.2　场景中 A_1、A_2、A_3 类车辆的可通行区域示意图

外需要躲避 Block4 行驶,从两条直线围成的半封闭区域去掉 Block4 占据的区域即对应着 A_3 类车辆的可通行区域。属于 A_2 类别的车辆需要始终保持在直线 $y=0$ 下方与直线 $y=-L_{road\_width}$ 上方的带状区域内行驶。A_1 类车辆的可通行区域设置方式与 A_3 类似,但是我们额外将对向道路空间也作为 A_1 可行驶区域一部分,这与现有交通法规有所区别。允许左转车辆利用对向道路是本节所建模型的重要特色,其目

的是使左转车辆更充分地利用道路空间，提高总体通行效率。总结起来，A_1、A_2、A_3 类别车辆的可通行区域可分别定义为

$$\begin{cases} \chi \leqslant L_{\text{road\_width}}, \chi \in \{A_{ix}(t), B_{ix}(t), C_{ix}(t), D_{ix}(t)\} \\ \gamma \geqslant -L_{\text{road\_width}}, \gamma \in \{A_{iy}(t), B_{iy}(t), C_{iy}(t), D_{iy}(t)\}, t \in [0, t_f], i \in A_1 \\ \text{VehicleOutofPolygon}(A_i(t)B_i(t)C_i(t)D_i(t), \text{Block1}) \end{cases}$$

(5.1a)

$$-L_{\text{road\_width}} \leqslant \gamma \leqslant 0, \gamma \in \{A_{iy}(t), B_{iy}(t), C_{iy}(t), D_{iy}(t)\}, t \in [0, t_f], i \in A_2$$

(5.1b)

$$\begin{cases} \chi \leqslant 0, \chi \in \{A_{ix}(t), B_{ix}(t), C_{ix}(t), D_{ix}(t)\} \\ \gamma \leqslant 0, \gamma \in \{A_{iy}(t), B_{iy}(t), C_{iy}(t), D_{iy}(t)\} \qquad, t \in [0, t_f], i \in A_3 \\ \text{VehicleOutofPolygon}(A_i(t)B_i(t)C_i(t)D_i(t), \text{Block4}) \end{cases}$$

(5.1c)

其余 9 类车辆的可通行区域可采用相同的方法确定，本书不予赘述。

当各车辆在相应可通行区域内运动的整个过程中，我们要求凡是可通行区域重叠的车辆类别相互之间不发生碰撞，且各类别内部各车辆不发生碰撞。为书写简单，我们将 i 车与 j 车在时刻 t 的碰撞躲避约束条件临时记为 VehicleOutofVehicle (i,j,t)，则完备的碰撞躲避约束条件可写为

$$\begin{aligned} &\text{VehicleOutofVehicle}(i,j,t), i \in A_1 \\ &j \in A_2 \cup A_3 \cup B_1 \cup B_2 \cup B_3 \cup C_1 \cup C_2 \cup C_3 \cup D_1 \cup D_2 \cup D_3 \\ &\text{VehicleOutofVehicle}(i,j,t), i \in A_2 \\ &j \in A_3 \cup B_1 \cup B_2 \cup B_3 \cup C_1 \cup D_1 \cup D_2 \\ &\text{VehicleOutofVehicle}(i,j,t), i \in A_3, j \in B_1 \cup C_1 \cup D_1 \cup D_2 \\ &\text{VehicleOutofVehicle}(i,j,t), i \in B_1 \\ &j \in B_2 \cup B_3 \cup C_1 \cup C_2 \cup C_3 \cup D_1 \cup D_2 \cup D_3 \\ &\text{VehicleOutofVehicle}(i,j,t), i \in B_2, j \in B_3 \cup C_1 \cup C_2 \cup C_3 \cup D_1 \\ &\text{VehicleOutofVehicle}(i,j,t), i \in B_3, j \in C_1 \cup D_1 \\ &\text{VehicleOutofVehicle}(i,j,t), i \in C_1, j \in C_2 \cup C_3 \cup D_1 \cup D_2 \cup D_3 \\ &\text{VehicleOutofVehicle}(i,j,t), i \in C_2, j \in C_3 \cup D_1 \cup D_2 \cup D_3 \\ &\text{VehicleOutofVehicle}(i,j,t), i \in C_3, j \in D_1 \\ &\text{VehicleOutofVehicle}(i,j,t), i \in D_1, j \in D_2 \cup D_3 \\ &\text{VehicleOutofVehicle}(i,j,t), i \in D_2, j \in D_3 \end{aligned}$$

(5.2a)

以及

$$\begin{aligned}
&\text{VehicleOutofVehicle}(i,j,t), \forall i,j \in A_1, i \neq j \\
&\text{VehicleOutofVehicle}(i,j,t), \forall i,j \in A_2, i \neq j \\
&\text{VehicleOutofVehicle}(i,j,t), \forall i,j \in A_3, i \neq j \\
&\text{VehicleOutofVehicle}(i,j,t), \forall i,j \in B_1, i \neq j \\
&\text{VehicleOutofVehicle}(i,j,t), \forall i,j \in B_2, i \neq j \\
&\text{VehicleOutofVehicle}(i,j,t), \forall i,j \in B_3, i \neq j \\
&\text{VehicleOutofVehicle}(i,j,t), \forall i,j \in C_1, i \neq j \\
&\text{VehicleOutofVehicle}(i,j,t), \forall i,j \in C_2, i \neq j \\
&\text{VehicleOutofVehicle}(i,j,t), \forall i,j \in C_3, i \neq j \\
&\text{VehicleOutofVehicle}(i,j,t), \forall i,j \in D_1, i \neq j \\
&\text{VehicleOutofVehicle}(i,j,t), \forall i,j \in D_2, i \neq j \\
&\text{VehicleOutofVehicle}(i,j,t), \forall i,j \in D_3, i \neq j
\end{aligned} \quad (5.2\text{b})$$

其中 $t \in [0, t_f]$。从式（5.2a）中可以发现，左转车辆（即 A_1、B_1、C_1、D_1 类别的车辆）的可通行区域与非左转车辆的可通行区域全部存在重叠，因此左转车辆是造成协同规划问题困难的重要原因之一。式（5.2）中的 VehicleOutofVehicle (i,j,t) 可结合 2.1.3 小节中的式（2.15）具体写为

$$\text{VehicleOutofPolygon}(A_i(t)B_i(t)C_i(t)D_i(t), A_j(t)B_j(t)C_j(t)D_j(t)) \quad (5.3)$$

5.2.3 无信号灯平面十字交叉路口通行任务

在路口通行动态过程的起始时刻 $t=0$，各车辆的运动状态应结合当时的客观事实而具体确定。在工程实践中可将路口周围特定区域设置为缓冲区，并要求各车辆在缓冲区域内完成自身运动状态的调整，最终使得各车辆在起始时刻 $t=0$ 沿其当前所在路段的方向以相同的速率平稳匀速行驶，即

$$[x_i(0), y_i(0), v_j(0), a_j(0), \phi_j(0), \omega_j(0)] = [x_i, y_i, v_{\text{common}}, 0, 0, 0], i \in \{1, \cdots, N_V\} \quad (5.4\text{a})$$

$$\theta_i(0) = 0, i \in A_1 \cup A_2 \cup A_3 \quad (5.4\text{b})$$

$$\theta_i(0) = \pi/2, i \in B_1 \cup B_2 \cup B_3 \quad (5.4\text{c})$$

$$\theta_i(0) = \pi, i \in C_1 \cup C_2 \cup C_3 \quad (5.4\text{d})$$

$$\theta_i(0) = -\pi/2, i \in D_1 \cup D_2 \cup D_3 \quad (5.4\text{e})$$

式中，$v_{\text{common}} > 0$ 是预设的各车辆平稳匀速行驶的速率值；(x_i, y_i) 代表第 i 辆车的起始位置坐标。我们之所以要求各车辆在缓冲区内调整至上述运动状态，是为了防范各车辆在路口通行过程中出现不可避免的碰撞情况（对于这一问题的一种直观解释参见文献［5］的 2.5.1 小节）。

在路口通行动态过程的终止时刻 t_f，各车辆应平稳匀速地沿目标道路方向行驶。结合图 5.3 标记的各类车辆的目标道路区域，可通过以下条件来限制各车辆在终止时刻的运动状态：

$$[v_i(t_f), a_i(t_f), \phi_i(t_f), \omega_i(t_f)] = [v_{\text{common}}, 0, 0, 0], i \in \{1, \cdots, N_V\} \quad (5.5\text{a})$$

$$\begin{cases} 0 \leq \chi \leq L_{\text{road\_width}}, \chi \in \{A_{ix}(t_f), B_{ix}(t_f), C_{ix}(t_f), D_{ix}(t_f)\} \\ \gamma \geq L_{\text{road\_width}}, \gamma \in \{A_{iy}(t_f), B_{iy}(t_f), C_{iy}(t_f), D_{iy}(t_f)\} \end{cases}, i \in A_1 \cup B_2 \cup C_3$$

(5.5b)

$$\begin{cases} \chi \leq -L_{\text{road\_width}}, \chi \in \{A_{ix}(t_f), B_{ix}(t_f), C_{ix}(t_f), D_{ix}(t_f)\} \\ 0 \leq \gamma \leq L_{\text{road\_width}}, \gamma \in \{A_{iy}(t_f), B_{iy}(t_f), C_{iy}(t_f), D_{iy}(t_f)\} \end{cases}, i \in B_1 \cup C_2 \cup D_3$$

(5.5c)

$$\begin{cases} -L_{\text{road\_width}} \leq \chi \leq 0, \chi \in \{A_{ix}(t_f), B_{ix}(t_f), C_{ix}(t_f), D_{ix}(t_f)\} \\ \gamma \leq -L_{\text{road\_width}}, \gamma \in \{A_{iy}(t_f), B_{iy}(t_f), C_{iy}(t_f), D_{iy}(t_f)\} \end{cases}, i \in A_3 \cup C_1 \cup D_2$$

(5.5d)

$$\begin{cases} \chi \geq L_{\text{road\_width}}, \chi \in \{A_{ix}(t_f), B_{ix}(t_f), C_{ix}(t_f), D_{ix}(t_f)\} \\ -L_{\text{road\_width}} \leq \gamma \leq 0, \gamma \in \{A_{iy}(t_f), B_{iy}(t_f), C_{iy}(t_f), D_{iy}(t_f)\} \end{cases}, i \in A_2 \cup B_3 \cup D_1$$

(5.5e)

$$\theta_i(t_f) = \theta_i(0) + \pi/2, i \in A_1 \cup B_1 \cup C_1 \cup D_1 \quad (5.5\text{f})$$

$$\theta_i(t_f) = \theta_i(0), i \in A_2 \cup B_2 \cup C_2 \cup D_2 \quad (5.5\text{g})$$

$$\theta_i(t_f) = \theta_i(0) - \pi/2, i \in A_3 \cup B_3 \cup C_3 \cup D_3 \quad (5.5\text{h})$$

其中式（5.5a）反映了"平稳匀速"行驶的要求，式（5.5b）～式（5.5e）反映了对于各车辆在终止时刻的位置限制，式（5.5f）～式（5.5h）是终止时刻角度限制。需要注意的是，我们针对终止时刻姿态角度直接施加点约束而非第2章提到的式（2.7e）形式，这是为了防止车辆在路口运动过程中出现"兜圈"的非常规行为。

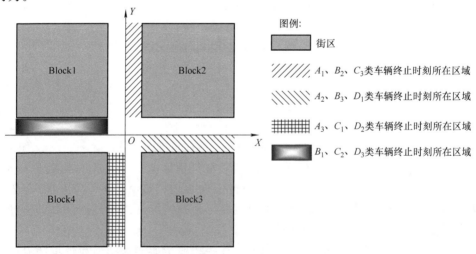

图5.3　场景中各车辆终止时刻所在区域示意图

轨迹规划命题的代价函数用于反映对于通行效率、舒适性能、安全性能的优化诉求。其中，舒适性能指标$J_{舒适}$需要各状态变量变化幅度和速率较小，安全性能指标$J_{安全}$则要求各车辆之间适当远离，这两项的设置方式均与此前章节介绍的一样，此处不予赘述。通行效率$J_{通行效率}$要求各车辆尽量在其目标车道方向上行驶得远，即

$$J_{通行效率} = -\left[\sum_{i \in A_1 \cup B_2 \cup C_3} y_i(t_f) + \sum_{i \in A_2 \cup B_3 \cup D_1} x_i(t_f) - \sum_{i \in A_3 \cup C_1 \cup D_2} y_i(t_f) - \sum_{i \in B_1 \cup C_2 \cup D_3} x_i(t_f)\right] \quad (5.6)$$

为了使得各车辆尽早、尽快完成路口通行任务，直观上似乎应设置$J_{通行效率} = t_f$，但我们选择式（5.6）的原因在于，$J_{通行效率} = t_f$只能够"激励"最慢达成终止时刻约束的那一辆车尽快完成任务，却无法有效地鼓励本应能够提早达成终止时刻约束的诸多车辆继续前进。使用$J_{通行效率} = t_f$作为代价函数进行优化求解的最直接影响是导致相当数目车辆选择直到$t = t_f$时刻才"愿意"去达成终止时刻约束条件（类似于第3章的仿真实验结果），这是因为它们即便提前达成终止时刻约束条件也不会在代价函数$J_{通行效率} = t_f$中有任何反映。因此，式（5.6）能够有效激励所有车辆尽快向远处行驶，从而真正提升通行效率。

$$J = w_1 J_{通行效率} + w_2 J_{舒适} + w_3 J_{安全} \quad (5.7)$$

式中，w_1、w_2、$w_3 > 0$均为权重系数。其他与车辆运动学相关的微分方程组与流形约束均与此前章节中介绍的无异，将以上部分组合起来，即构成一个完整描述多智能网联汽车在无信号灯十字交叉路口通行协同轨迹规划任务的最优控制问题。

在以上建立的问题模型中，我们将路口区域当作车辆可以自由灵活行驶的可通行区域，这是与现有文献中其他方法相比最鲜明的特点。现有文献一般假设车辆在路口沿特定模态或固定路径行驶，且行车速度遵循特定模态或直接固定为匀速运动。现有文献中的协同轨迹规划任务模型可视为我们所建立模型的特例。

5.3 轨迹规划命题的求解

上一节建立的多车协同轨迹规划是一种集中式规划方法，适合各网联汽车在路口一定范围内被路口中央系统完全接管行驶操纵权限后执行集中式协同规划结果，蓬勃发展的5G无线通信技术有望保障协同轨迹得以可靠地下发至车端。将协同轨迹规划安排在路端而非车端实施意味着规划问题求解的时效性可以通过强化路端处理器的计算能力得到弥补，因此规划命题求解的实时性不是整个系统实现中的瓶颈。

在将路口场景中多车协同轨迹规划任务描述为一个最优控制问题之后，本节将介绍如何对其实现数值求解。与其他章节中采用的方法一样，将最优控制问题全联立离散化为一个NLP问题，随后采用优化算法对其求解即完成轨迹规划任务。然

而由于车辆规模庞大,且碰撞躲避约束的非凸非线性较强,我们在实践中发现即便采用5.1节介绍的决策方法进行初始化也无法有效完成离线求解。为解决这一问题,本节将从简化模型与改造优化方案的思路来提升离线求解的收敛效果。最后,我们也提供了一种在线求解方案。

5.3.1 碰撞躲避约束条件的简化

造成协同轨迹规划命题困难的原因在于式(5.1)与式(5.2)包含大量限制矩形与矩形不发生碰撞的约束条件,这类约束中包含2.1.3小节中式(2.12)形式的非凸非线性多项式。本小节考虑将矩形用多个圆形代替,从而将矩形与矩形之间的复杂碰撞躲避约束转化为凸约束。

为了将车身矩形用圆形表示,可以采用3.2节介绍的对称双外接圆覆盖每一辆智能网联汽车(详情见式(3.5c)与式(3.5d))。不妨以描述街区 Block2 为例,我们提出了一种多内接圆方案,如图5.4所示,其中大圆的半径为 $L_{street\_length}/2$,小圆都与街区的一角相切且半径呈等比数列衰减(公比为0.5)。这样的设置能够保证车辆在相对靠近路口中心区域附近的碰撞躲避约束精度较高,又不会因为采用外接圆而侵占可通行区域。在车辆驶离路口后,由于代价函数中式(5.6)的存在会使得各车辆向道路远处走,因此一般不会规划出图5.4所示的不合理结果。退一步讲,如果能够使交通拥堵情况得到缓解,未来智慧城市建设方案未必不能将街区规划为图5.4所示的形状。通过以上方式我们将协同轨迹规划命题中原本非凸的碰撞躲避约束条件全部转化为凸约束条件。

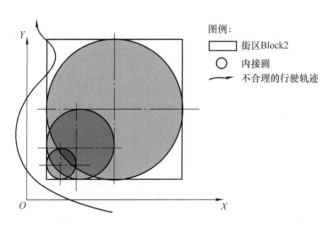

图5.4 使用内接圆形代替矩形街区 Block2 的实现方式以及由此可能造成的不合理结果

5.3.2 基于渐进时域约束的离线求解辅助策略

在采用上一小节介绍的方式简化协同轨迹规划问题模型后,直接进行数值求解往往会出现收敛缓慢甚至收敛失败的现象，这是因为粗糙的决策轨迹与局部最优协同轨迹存在一定差距。为了使得优化迭代过程有效，我们提出了一种渐进时域约束策略[1]，其主要思想是将真正导致问题规模庞大的部分——车辆之间的碰撞躲避约束——从 $t=0$ 时刻开始逐步添加在协同轨迹规划命题中，直到 $t=t_f$ 时刻为止。具体而言，首先构造一个子问题模板，其与标准的规划问题相比，唯一的区别在于碰撞躲避约束条件作用时域在 $t \in [0,\chi]$，令 χ 取值从 0 到 t_f 逐步递增，即可构造规模递增的子问题序列。逐一求解这些子问题，将每一子问题的最优解作为求解下一子问题时的初始解，当成功求解到原始问题的一个可行解时，则该可行解同时也是最优解（证明过程见文献 [1]），至此多车协同轨迹规划任务结束。该算法的执行步骤如下：

算法 5.1　基于渐进时域约束策略的多车协同路口通行轨迹规划算法

输入：多车协同运动场景及任务，参数 $N_{\text{subproblems}}$，由序贯决策方法获得的初始解 $\chi_{\text{initial\_guess}}$；

输出：多车协同路口通行轨迹；

1. 将完整的多车协同路口通行轨迹规划命题定义为 P_{original}；
2. 定义子问题模板 $P_{\text{subproblem}}(i)$ 为使多车之间碰撞躲避约束只在时域 $t \in [0, t_f \cdot i/N_{\text{subproblems}}]$ 上有效、其余约束条件和代价函数与 P_{original} 一致的子问题；
3. 初始化 $iter = 0$；
4. **While**（$\chi_{\text{initial\_guess}}$ 不是 P_{original} 的可行解），**do**
5. 　构造子问题 $P_{\text{subproblem}}(iter)$，并将其离散化为 NLP 问题，以 $\chi_{\text{initial\_guess}}$ 为初始解对其进行优化求解；
6. 　**If**（NLP 求解成功收敛），**then**
7. 　　记录最优解为 $\chi_{\text{initial\_guess}}$；
8. 　**End if**
9. 　$iter \leftarrow iter + 1$；
10. 　**If**（$iter > N_{\text{subproblems}}$），**then**
11. 　　**Return** 失败；
12. 　**End if**
13. **End while**
14. 输出 $\chi_{\text{initial\_guess}}$；
15. **Return** 成功．

在算法 5.1 中，一旦判定某一子问题的最优解是原始问题的可行解，则该解一定也是原始问题的最优解，因此可以直接将其当作最终结果输出。这意味着，执行渐进时域约束策略未必完整求解 $N_{\text{subproblems}} + 1$ 个子问题。直观上来讲，由于各车辆驶出路口后彼此冲突性减弱，因此在 iter < $N_{\text{subproblems}}$ 条件下有可能直接得到原始问题可行解。另一方面，如果在逐步增长碰撞躲避约束有效作用时域的过程中，个别子问题的求解因为求解器崩溃等意外原因而失败，算法 5.1 中步骤 6～8 保证了整个循环过程继续进行下去而不会中断，这体现了算法 5.1 具有一定的鲁棒性。

必须指出的是，虽然渐进时域约束策略能够将求解困难分担在一系列子问题中逐步解决，但这种方法可能导致协同运动轨迹与轨迹决策不再具有同伦关系，这意味着优秀的决策结果未必能够完整地传递到规划环节之中。在路口通行任务中，不同的决策结果（即各车辆选择不同的绕行方向）对协同轨迹规划质量究竟有多大影响，以及如何兼顾轨迹规划的求解效率与求解质量，都值得进一步研究。

5.3.3　基于查表法的在线求解方案

查表法是一种牺牲存储空间换取求解效率的计算方案，其核心思想是将车辆编队在路口完整的协同运动过程分为先后两个阶段：在阶段 1，各道路上的车辆在驶入路口前通过编队重构调整为一个规范的编队构型（我们稍后将解释规范的具体含义）；在阶段 2，车辆编队从已形成的规范编队状态开始继续行驶，直至路口通行协同运动过程完成。在阶段 2 对应的轨迹规划新问题中，由于其初始状态是规范的，因此这一算例可以提前进行离线求解，并将最优解与初始状态对应起来，保存在数据表中以备在线规划时迅速调取。在阶段 1 需要对整个车辆编队进行运动状态微调，由于阶段 1 不涉及换道行为，所以碰撞躲避约束条件是线性的。这意味着即便在不进行初始化的条件下，阶段 1 对应的轨迹规划问题也可以迅速得到求解。总结起来，通过将完整的路口通行运动过程巧妙地分解为两个阶段，我们将其中求解困难集中在阶段 2，而阶段 2 的离线计算结果可以直接调用；我们安排阶段 1 来讲原始问题与阶段 2 对应的规范问题进行衔接与过渡，而阶段 1 恰好是极其简单的。通过这样的方式，我们可以实现对复杂问题的在线求解。

一个规范的编队运动状态是指当前所在道路上的部分车辆相互之间形成等间距的排列，并且各车辆保持平稳匀速前行。为便于理解，我们以图 5.5 为例介绍整个方案流程。在阶段 1 的起始时刻，整个网联汽车编队如图 5.5a 所示；在阶段 1 的终止时刻，车辆编队为图 5.5b 所示的运动状态；阶段 1 的终止时刻也是阶段 2 的起始时刻，在阶段 2 各车辆继续进行路口通行行为。详细的算法实现流程可参阅文献 [6] 或文献 [7]。

5.4　仿真实验

本节将提供路口多车协同轨迹决策与规划仿真实验的结果，基本参数设置参见表 5.1。

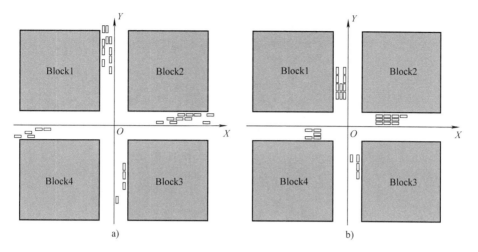

图 5.5 查表法中两阶段划分方式

表 5.1 仿真实验基本参数设置

参数名称	基本含义	设置
$\varPhi_{\max i}$	车辆 i 前轮最大容许转弯角度（$i=1,\cdots,N_V$）	0.7 rad
$a_{\max i}$	车辆 i 最大容许线加速度（$i=1,\cdots,N_V$）	2.0 m/s²
$v_{\max i}$	车辆 i 最大容许线速度（$i=1,\cdots,N_V$）	25.0 m/s
v_{common}	边值约束式（5.4a）、式（5.5a）中的平稳行驶速度	20.0 m/s
$\varOmega_{\max i}$	车辆 i 前轮最大容许转弯角速度（$i=1,\cdots,N_V$）	0.3 rad/s
L_{wi}	车辆 i 前后轮轴距（$i=1,\cdots,N_V$）	2.8 m
L_{fi}	车辆 i 前悬距离（$i=1,\cdots,N_V$）	0.96 m
L_{ri}	车辆 i 后悬距离（$i=1,\cdots,N_V$）	0.929 m
L_{bi}	车辆 i 宽度（$i=1,\cdots,N_V$）	1.942 m
$[L_{\text{road\_width}}, L_{\text{street\_length}}]$	道路长度及宽度	[12m, 200m]
t_f	固定的协同运动终止时刻	10.0 s
$[w_1, w_2, w_3]$	代价函数式（5.7）中的权重系数	[1, 1, 0]
N_{fe}	OCDT 方法中有限元的数目	100

我们随机构造了一系列路口通行协同轨迹规划任务，其中 12 种类别车辆的个数以及各车辆起始位置均为随机指定。图 5.6（见彩插）给出了一则 $N_V=32$ 条件下算例的轨迹规划结果，可以发现各车辆按照设计要求完成了路口行驶任务。特别需要指出的是，图 5.6 反映出各车辆抵达目标行驶区域后，我们不限定各车辆最终沿着某一条车道行驶，而只是要求车辆行驶方向与道路方向平行，因为这样设置不会引入离散型优化变量，也为协同行驶提供了更大的灵活度。

在一则涉及更多智能网联汽车的协同轨迹规划算例中，如图 5.7（见彩插）所

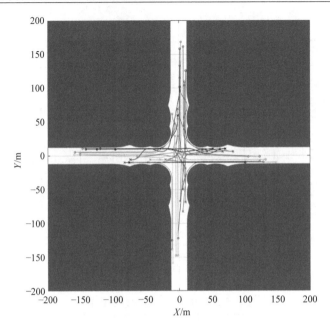

图 5.6 算例 1（$N_V = 32$）的设置方式以及协同规划结果（图中 × 代表各车辆起始位置，○ 代表各车辆终止位置，下同）

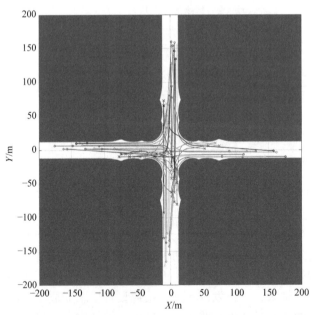

图 5.7 算例 2（$N_V = 46$）的设置方式以及各智能网联汽车的协同轨迹规划结果

示，车辆行驶行为更加复杂，车辆之间潜在的冲突性也更充分地体现出来。图 5.8（见彩插）绘出了其中在路口左转车辆的轨迹。一部分左转车辆在驶入路口前以及驶出路口后借用了对向道路空间来完成通行任务，这种行驶行为类似于著名的连续交通流路口（Continuous Flow Intersections，CFI）模式。早在 1994 年，Goldblatt 等人[8]提出了 CFI 理念：左转车辆是造成路口拥堵的最重要原因，通过为左转车辆在对向道路边缘设置专门的转弯车道，可以使左转车辆无须在路口停下（图 5.9）。在图 5.8 中，部分左转车辆按照 CFI 方式驶过路口，而另一些左转车辆选择按照传统交通规则驶过路口，决定左转车辆行为差异的重要原因是优化会以代价函数最小化为目的，因此我们提出的协同轨迹方法可视为广义的 CFI 方法。

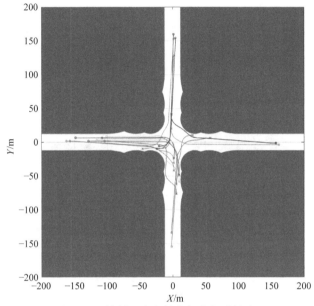

图 5.8 算例 2 中左转车辆的行驶轨迹

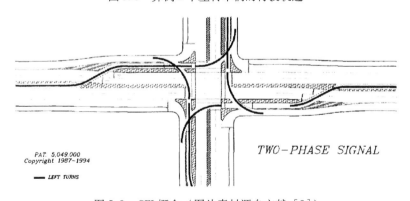

图 5.9 CFI 概念（图片素材源自文献 [8]）

部分读者可能认为图 5.7 所示的轨迹过于凌乱，但这样的行驶行为即便在现阶段实际交通场景中也是常见的。在图 5.10 所示的实际路口通行案例中，左→右、右→左道路上的左转、直行、右转车辆同时被信号灯放行，此时左→右道路上的左转车流中的头车由于起步慢（图 5.10a），导致整个左转车流被右→左道路上的直行车流截停于路口区域内（图 5.10b）。此时左转车流中的部分车辆可能脱离车流而试图独自截断对向直行车流而左转。由于左转车流速度低，各车辆有相对多的时间来调整车辆姿态角度，因此在路口不很畅通的情况下，车辆行驶轨迹大幅度偏离指引线的现象并不罕见。

在上述实际案例中，左转车流最终在对向直行车流驶过路口后才完成左转（图 5.10c）。如果左→右道路上左转车流中的头车起步迅速，则很可能出现左转车流将对向直行车流截断于路口中的相反结果。但无论何种截断方式，都对应着一部分车辆需要在路口中低速等待。在图 5.10b 中，如果左转车流能够穿插对向直行车流的间隙而完成左转，则整体路口通行效率会有显著提高。对该案例的分析直观地体现出研发智能网联汽车、车路协同管理系统以及协同决策规划算法的意义。

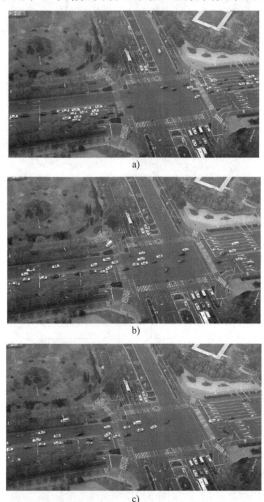

图 5.10 一则实际路口交通情况案例（摄于北京市荣华南路与荣京西街路口）

读者可扫描图 5.11 所示的二维码或访问 https：//www.bilibili.com/video/av71371102/观看仿真实验结果。本章部分算法 Matlab 源代码在 https：//github.com/libai2020/Autonomous_Intersection_Management 给出。我们在该问题上的最新研究进展参见 [9]。

图 5.11　本章主要仿真实验结果动态视频．

参　考　文　献

[1] LI B, JIA N, LI P, et al. Incrementally constrained dynamic optimization：A computational framework for lane change motion planning of connected and automated vehicles [J]. Journal of Intelligent Transportation Systems，2019，23（6）：557－568.

[2] LI B, et al. Paving green passage for emergency vehicle in heavy traffic：Real－time motion planning under the connected and automated vehicles environment [C]. Proc. 2017 IEEE International Symposium on Safety，Security and Rescue Robotics（SSRR），[sl：sn]，2017.

[3] LI B, ZHANG Y. Fault－tolerant cooperative motion planning of connected and automated vehicles at a signal－free and lane－free intersection [J/OL]. IFAC－PapersOnLine，2018，51（24）：60－67.

[4] XU L, LU J, RAN B, et al. Cooperative merging strategy for connected vehicles at highway on－ramps [J]. Journal of Transportation Engineering，Part A：Systems，2019，145（6）：1－11.

[5] 李柏. 复杂约束下自动驾驶车辆运动规划的计算最优控制方法研究 [D]. 杭州：浙江大学，2018.

[6] LI B, et al. Near－optimal online motion planning of connected and automated vehicles at a signal－free and lane－free intersection [C]. Proc. 2018 IEEE Intelligent Vehicles Symposium（Ⅳ），[sl：sn]，2018.

[7] LI B, et al. Optimal control－based online motion planning for cooperative lane changes of connected and automated vehicles [C]. Proc. 2017 IEEE/RSJ International Conference on Intelligent Robots and Systems（IROS），[sl：sn]，2017.

[8] GOLDBLATT R, MIER F, FRIEDMAN J. Continuous flow intersections [J]. ITE Journal，1994，（64）：35－42.

[9] LI B, ZHANG Y, ACARMAN T, et al. Lane－free autonomous intersection management：A batch－processing framework integrating the reservation－based and planning－based methods [C]. Proc. 2021 IEEE International Conference on Robotics and Automation（ICRA），7915－7921，2021.

第 6 章　总结与展望

6.1　本书内容总结

本书介绍了智能网联汽车在多种场景下的协同决策与规划方法，其中决策是规划的重要基础，规划是最终的目的。从第 2 章开始，我们分别对非结构化场景中的单车/多车、结构化道路场景中的单车/多车规划任务予以求解。需要说明的是，在单一智能网联汽车的行驶任务中也可以体现协同行驶的意义，此时的协同类似于配合；此外，面向单一车辆的规划方法是多车协同规划方法的重要基础。为了体现智能网联汽车协同行驶的多元意义，并且为了读者循序渐进地掌握本书内容，我们安排了相关章节专门介绍单一智能网联汽车的决策规划方法。

第 2 章聚焦于低速非结构化场景中的单一智能网联汽车，此时汽车的运动学能力与具有前轮转向功能的轮式机器人相似，相关方法体系已在机器人学科中得到充分发展。在第 2 章中我们介绍了车辆轨迹规划问题的建模与数值求解方法，由于数值优化的效率和质量严重受制于初始解在解空间中的位置，我们引入了轨迹决策环节来提供优质的初始解，介绍了一些计算机/机器人学科中常用的搜索方法。

第 3 章聚焦于低速非结构化场景中多车协同轨迹规划任务，此时具有完备性的协同轨迹决策方法往往因为维数灾难问题而难以实施，这是目前该领域悬而未决的问题，我们提供了一种在可接受耗时内尽力寻找全局最优决策的序贯决策方案。在得到多车轨迹决策作为初始解后，为了克服协同规划计算中的困难，提出了自适应渐进约束动态优化策略，该策略也适用于降低其他领域复杂数值优化问题的求解难度。

第 4 章聚焦于结构化道路上的单一车辆轨迹规划，我们介绍了自动驾驶领域常见的轨迹决策与规划方法，并适当考虑了该领域未来发展趋势，因此采用了不在 Frenet 坐标系中规划轨迹的方案。

第 5 章涉及结构化道路场景中的多车协同行驶任务，我们主要聚焦于如何在典型的交通场景中建模描述多车协同轨迹规划任务，在交通意义下体现协同行驶的价值。

各章节内容由浅入深，相互关联但并不重叠，从不同侧重点阐述了智能网联汽车协同规划的技术方案。具体而言，第 2 章侧重于介绍决策+规划的基本体系、常用决策方法以及规划方法的基本建模方式与求解过程；第 3 章侧重于介绍如何求解规模庞大且复杂的协同规划命题；第 4 章侧重于结合产业实际需求介绍道路上与非结构化场景的区别以及道路行驶中的决策规划方案；第 5 章侧重于建立交通意义下的协同行驶任务模型，据此体现智慧交通乃至智慧城市的价值。以上 4 章分别从机器人学、数值优化、自动驾驶以及智能交通四个研究领域角度诠释智能网联汽车协同规划的实现方法。

6.2 未来研究机遇

除以上各章节中零星提到的一些补充研究任务外，智能网联汽车协同决策与规划领域还存在以下研究机会：

1) 目前缺乏针对非结构化场景中单一车辆的高质量轨迹决策方法。本书中所介绍的轨迹决策分为基于 PVD 的方案以及一次性规划粗略轨迹的方案。基于 PVD 的方案即混合 A^* 算法 + 速度规划，该方法在处理运动障碍物时不具有完备性。不使用 PVD 的 $X-Y-T$ 三维 A^* 算法却无法充分考虑车辆运动学模型。

2) 多车协同轨迹决策涉及维数灾难，采用序贯决策方案会导致完备性的丧失，也无法保证决策的全局最优性。为此应研发不依赖序贯决策策略的新方法。蓬勃发展的人工智能学科可能会在协同轨迹决策任务中发挥重要作用。

3) 在决策或规划中所使用的代价函数一般由多个相互冲突的多项式加权而成，然而权重与惩罚项的简单线性组合方式可能远不足以准确评估复杂情况下待选轨迹的质量。为解决这一问题，一种研究思路应是将代价函数表达式设计得更加细致、复杂；另一种思路是借助人工智能学科的新工具直接完成待选轨迹质量的评价。

4) 在基于计算最优控制的轨迹规划环节需要求解非线性规划问题，应结合自动驾驶领域的实际情况开发具有强针对性的数值优化求解工具，避免使用求解各种非线性规划问题的通用求解器，这样可以进一步提升计算效率。

5) 在多车协同轨迹规划任务中，应研究如何保障所规划轨迹的容错性，即在规划模型中考虑到潜在的故障隐患，从而提前规避出错风险。另一方面，也应在基本方法的基础上进一步开发具有 any time、fail - safe 等可靠性保障性质的在线规划方案。

6) 在结构化道路场景中进行多车协同轨迹规划时，应考虑非协作车辆与协作车辆共存的混合交通的案例。此外，针对多智能网联汽车路口协同通行任务应考虑多于一个路口的案例。

7) 在本书介绍的最基本应用场景基础上，读者应注重发掘能够真正体现智能网联汽车高质量协同决策规划优势的创新应用场合，有针对性地设计具体算法，解决社会建设、生态文明建设中的实际问题。